오늘은 집에서 ☀ 문화센터처럼 놀아요

일러두기

· 본 도서는 국립국어원 표기 규정 및 외래어 표기법 규정을 준수하였습니다.
  다만 일부 입말로 굳어진 경우에는 저자의 표기를 따랐습니다.
· 본 도서는 2~5세 중심의 놀이를 실었으며 본문의 아이 월령은 30개월입니다.
· 놀이마다 아이의 호기심을 나타내는 지표로 '호기심 장전'을,
  부모가 놀이의 난도를 가늠할 수 있도록 '마음의 준비'로 수치화하여 표기했습니다.

좋은 부모가 되기 위한 첫걸음

아이가 신생아였던 시절, 저는 산후우울증과 체력적인 한계를 경험하며 깜깜한 터널 속에서 하루하루를 보냈습니다. 과연 이 터널에 끝이 있기는 한 걸까, 한없이 우울한 날들이었죠. 눈을 멀뚱하게 뜨고 나를 바라보고 있는 아이에게 해줄 수 있는 게 기저귀 가는 것 말곤 아무것도 없어서 나 자신이 너무나 작고 초라하게만 느껴졌어요. 아이를 정말 사랑하지만 어떻게 표현해야 할지 몰랐고, 긴 하루를 아이와 단둘이 어떻게 채워야 할지 막막했어요. 그때 지푸라기라도 잡는 심정으로 집어 든 것이 출산 전에 사두었던 육아 책들이었어요. 깊은 수렁 속에 있는 나를 구원해 줄 것만 같았거든요. 역시나, 답은 책 속에 있었습니다.

누구나 한 번쯤 고민해 봤을 거예요.
'나는 좋은 부모일까? 좋은 부모란 어떤 걸까?'
저 역시 암흑 같던 아이의 신생아 시절, 하루에도 수천 번씩 나는 좋은 엄마가 될 수 있을까 고민했습니다. 그 고민은 지금까지도 쭉 이어지고 있지요. 하지만 지금의 저는 자신 있게 말할 수 있어요. 좋은 엄마란 행복한 엄마입니다. 그 행복은 아이와의 애착에서 피어나고요. 부모와의 단단한 애착은 아이를 행복하게 만듭니다. 아이가 행복하면 부모도 행복해지는 것이었어요. 겪어보니 애착은 이렇게 긍정적인 순환이 되는 거였더라고요.

아이러니하게도 육아에서 도망치고 싶어 집었던 육아 책에서 '애착'이라는 답을 찾았고, 애착을 단단하게 하기 위한 수단으로 '놀이'와 '그림책'을 택했더니, 암흑 같던 터널의 끝이 보였어요. 꼬물거리는 아이와 마주 앉아 노래를 부르고, 볼을 부비고, 토실한 허벅지를 마사지하며 1분 1초를 가득 채워갔어요. 단둘이 있는 시간이 두렵기만 했는데 놀이를 통해 소중하고 알찬 시간으로 변해갔지요. 아이는 까르르 웃어대고 놀잇감을 탐구하느라 찡그리거나 떼를 쓸 시간도 없어 보여요. 지금까지도요.

제가 아이와 하는 놀이는 과학적이거나, 예술적이거나, 기발하거나, 대단하지 않을 수도 있어요. 저는 단지 함께하는 시간의 질이 중요하다고 생각합니다. 그 시간이 차곡차곡 쌓여 아이에게 행복한 기억으로 저장되고, 제가 생각하는 좋은 부모의 모습에 한 발 더 가까워진다고 믿고 있습니다.

아이와의 시간을 어떻게 채워나가야 할지 막막한 부모님들이 계신다면, 이 책을 통해 아이와 함께 시간을 수놓는 경험을 하게 되길 진심으로 바랍니다.

오늘의 놀잇감을 골라볼까요?

종이

공

셀로판지

쿠션

풍선

음료수 병

박스

냄비

비닐

물감

오늘은 집에서 문화센터처럼 놀아요

오늘의 놀잇감을 골라볼까요?

목차

좋은 부모가 되기 위한 첫걸음　4

오늘의 놀잇감을 골라볼까요?　6

시작하며

'엄마표 놀이'의 화려함에 주눅들지 말자　12

아이가 주도하는 진짜 놀이의 힘　15

놀이력을 키우자　18

이 책 활용법　20

활용도 높은 집콕 놀이 준비물　24

1 종이로 놀아요

001. 깃발 놀이 30
002. 바람개비 32
003. 색종이 모자이크 36
004. 색종이 폭죽 40
005. 색종이 터널 44
006. 색종이 불 끄기 46
007. 종이비행기 50
008. 종이 헬리콥터 54
009. 색종이 징검다리 58
010. 전단지 마트 놀이 62
011. 종이배 66
012. 전지 자르기 70

2 공으로 놀아요

013. 골대에 골 넣기 76
014. 볼링 80

3 셀로판지로 놀아요

015. 망원경 86
016. 셀로판지 뛰기 90
017. 셀로판지 모자이크 92
018. 선 캐처 만들기 96

4 쿠션으로 놀아요

019. 쿠션 산 102
020. 쿠션 기차 106

5 풍선으로 놀아요

021. 풍선 바람 110
022. 공중 부양 풍선 112
023. 대롱대롱 풍선 114
024. 마라카스 118
025. 물풍선 터트리기 120
026. 줄줄이 풍선 124
027. 물레방아 126
028. 풍선 로켓 130
029. 얼음 속 장난감 구출 134

6 음료수 병으로 놀아요

030. 하키 놀이 140
031. 스파게티 꽂기 144

7 박스로 놀아요

032. 구슬 페인팅 148
033. 두더지 잡기 152
034. 비밀 상자 156
035. 박스 자동차 160

036. 박스 스키　164
037. 자동차 터널　168

8　냄비로 놀아요
038. 뚜껑 맞추기　174
039. 냄비 드럼　178
040. 장난감 구출　182

9　비닐로 놀아요
041. 비닐 오감 놀이　188
042. 낙하산　192
043. 비닐 풍선　196
044. 꼬리잡기　198
045. 상어 먹이 주기　200
046. 리본체조　204

10　물감으로 놀아요
047. 내 얼굴 꾸미기　210
048. 면봉 점묘화　212
049. 도장 찍기　216
050. 핑거 페인팅　218
051. 자동차 세차　222
052. 화재 진압하기　226
053. 자동차 액션 페인팅　228

11　촉감으로 놀아요
054. 비눗방울 터뜨리기　234
055. 장난감 숨바꼭질　236
056. 밀가루 모래　240
057. 밀가루 반죽　244
058. 전분 놀이　248
059. 빵가루 놀이　252

12　포스트잇으로 놀아요
060. 포스트잇 떼기　258
061. 사자 갈기 만들기　262

13　책으로 놀아요
062. 도미노 게임　268
063. 책 미끄럼틀　272

14　이불로 놀아요
064. 이불 기차　278
065. 이불 해먹　280
066. 김밥 말이　282
067. 이불 유령　284

15　테이프로 놀아요
068. 끈적끈적 거미줄　288

069. 간식 보물찾기 292
070. 자동차 도로 만들기 296

16 종이컵으로 놀아요
071. 종이컵 골대 302
072. 종이컵 쌓기 306
073. 징검다리 310
074. 그물 통과하기 314
075. 종이컵 저울 318

17 자연과 놀아요
076. 채소 심기 324
077. 우리 집 나무 만들기 328
078. 나뭇잎 케이크 332

18 사진으로 놀아요
079. 추억 여행 338
080. 동물 흉내 내기 342

19 집게로 놀아요
081. 집게로 분류하기 348
082. 바비큐 놀이 352
083. 빨래집게 동물 356

20 음식으로 놀아요
084. 온 가족 오이 팩 362
085. 뻥튀기 격파 366
086. 콩 옮기기 370
087. 달걀 껍데기 깨기 372
088. 김밥 만들기 376
089. 미니 햄버거 만들기 380

21 몸으로 놀아요
090. 손수레 놀이 386
091. 비행기 날기 388
092. 손바닥 씨름 390
093. 미끄럼틀 392
094. 인형 뽑기 394
095. 철봉 매달리기 396
096. 터널 지나가기 398
097. 동대문을 열어라 402
098. 하늘 자동차 404

22 밤에 놀아요
099. 어둠 속 춤추기 408
100. 그림자 놀이 410

'엄마표 놀이'의 화려함에 주눅들지 말자

팬데믹이라는 그 누구도 겪어보지 못한 시간을 우리 아이들은 태어나자마자 겪게 되었습니다. 제 아이도 돌이 지나 막 세상을 탐색해야 할 시기에 집에 있어야만 했어요. 저를 포함해 아이와 집에 남겨진 엄마들은 괴로워했습니다. 붕 떠버린 시간을 어떻게든 채워야 했거든요. 이렇다 보니 인스타그램, 블로그, 유튜브에는 '엄마표 놀이' 콘텐츠가 물밀 듯이 쏟아졌어요. 미대 나온 엄마의 미술 놀이, 공대 나온 엄마의 과학 놀이 등 놀이 하나하나가 예술작품같고, 발명품같이 보였습니다. 보통의 엄마들은 아이와 알찬 시간을 채우려다 에너지가 바닥나는 경험을 해야만 했지요. '저 엄마는 부지런하게 놀이를 준비하는데 나는 왜 못하는 걸까?', '나는 아이와 놀아주기에는 너무 게을러.', '저 아이는 얌전하게 앉아서 놀이를 하는데, 내 아이는 왜 집중을 못 하지?' 이런 생각으로 한없이 작아지고 말았죠.

집콕 육아를 한 지 얼마 되지 않았을 때, 인스타그램에서 '엄마표 놀이'를 검색하다가 18개월 아이가 동전 모양으로 압축된 코인 티슈로 만든 애벌레에 물감을 뿌리며 노는 사진을 보았어요. 완성품도 알록달록 예뻐 보이고, 아이의 표정도 즐거워 보여서 당시 18개월이었던 제 아이와 그 놀이를 따라 해보았어요. 결과는 어땠을까요? 아이는 물감을 저에게, 벽에, 상자 속 자동차에 마구 뿌려댔습니다. 애벌레는 거들떠보지도 않았어요. 아이를 너무 사랑하지만 '왜 이것도 못 해!' 하는 생각이 머릿속을 가득 채웠습니다. 자꾸만 사진 속 그 아이와 비교하게 되었어요. 그러다가 깨달았습니다. "내 아이는 저 아이와 다르잖아." 제 아이는 가만히 앉아서 하는 물감 놀이를 좋아하지 않았던 거예요. 8절 도화지보다는 전지, 전지보다는 벽 전체를 사용하고 싶어 했습니다. 엄마 눈에는 완성품이 형편없지만 아이는 물감이 손에서 종이로, 붓에서 벽으로 옮겨가는 과정 자체를 즐겼어요.

그때의 깨달음 이후로 저는 아이와 한층 더 밀도 있는 놀이 시간을 보낼 수 있었습니다. 누군가의 SNS 속 작품같은 놀이를 따라 하느라 에너지를 뺏기는 대신 아이의 눈과 표정에 집중했어요. 그랬더니 아이가 뭘 원하고 있는지 더 잘 보이고, 그다음에 어떤 놀이를 이어가면 좋을지 머릿속에 뚜렷하게 그려졌습니다.

주눅 들지 마세요. 혹시 내 아이가 놀이에 따라와 주지 않더라도, 완성품이 마음에 들지 않더라도, 1분 만에 놀이가 끝나버리더라도, 아이가 즐거워했다면 그걸로 된 거예요. 놀이에 집중을 못한다면 그 놀이가 아이의 관심사 밖인 것이고, 그럼 다른 놀이를 하면 됩니다. 내 아이의 성향을 잘 살펴보세요. 차분히 앉아서 아기자기한 작품을 만들 때 집중을 잘하는지, 온몸을 이용해 땀 흘리며 뛰어놀 때 집중을 잘하는지, 규칙이 있는 놀이를 좋아하는지, 의식의 흐름대로 자유롭게 노는 걸 더 좋아하는지. 아이마다 다릅니다. 마음 속에 있는 열정을 마구 분출하고 싶은 아이에게 작은 스케치북 테두리 안에 색칠하라고 강요할 수는 없습니다. 노력해서 완성도 높은 작품을 만들고 싶은 아이에게 아무렇게나 그려보라고 할 수도 없고요. 놀이는 아이를 중심으로 흘러가야 합니다.

부모가 생각해야 하는 건 '놀이를 통해 아이가 얼마나 즐거워하는가'입니다. 아이 안의 욕구를 표출하는 것, 상호 작용을 통해 끈끈한 애착을 만들어 가는 것 그리고 엄마, 아빠와 재미있고 다양한 경험을 해보는 것. 놀이에 있어서 가장 중요한 부분입니다.

아이가 주도하는 진짜 놀이의 힘

EBS 〈놀이의 반란〉이라는 다큐멘터리에서 놀이에 관한 실험을 했습니다. 만 5세 아이들을 세 그룹으로 나누어 1번 그룹은 놀고 싶은 곳에서 놀게 하고, 2번 그룹은 선생님이 지정해 준 곳에서만 놀게 하고, 3번 그룹은 선생님의 제안으로 놀이를 시작했습니다. 20분 후 선생님이 들어와 이제 하고 싶은 놀이를 하라고 말하곤 자리를 떠났어요. 세 그룹은 어떤 움직임을 보였을까요? 실험 결과, 놀고 싶은 곳에서 스스로 놀이를 선택한 1번 그룹 아이들은 선생님이 자유 시간이라고 말한 후에도 계속 같은 놀이를 이어갔고, 2번과 3번 그룹 아이들은 선생님 말씀이 끝나기가 무섭게 다른 영역으로 옮겨갔습니다. '내적 동기'에 대한 중요성을 깨닫게 된 실험이었습니다. 놀이를 선택하게 된 '동기' 하나만 달랐을 뿐인데 20분 후 아이들의 행동이 이렇게 달라진다는 게 놀랍지 않나요? 어른들도 마찬가지죠. 너무 읽고 싶었던 책은 단숨에 읽을 수 있지만 '읽어야만 해서' 의무감에 읽는 책은 왠지 흥미가 잘 안 생기잖아요. 성취의 원동력은 바로 이 '내적 동기'에 있습니다.

　　　아이는 자기가 하고 싶을 때, 하고 싶은 곳에서, 하고 싶은 놀이를 해야만 흥미를 느끼고, 집중력을 발휘하고, 깊은 몰입을 경험합니다. 이것이 '진짜 놀이'입니다. 부모가 원하는 놀이를, 부모가 편한 시간에, 학습을 목적으로 들이밀면 아이는 바로 알아채고 놀이를 즐기지 않습니다. 놀이는 아이의 본능이고, 삶 그 자체예요. 아이가 주도적으로 놀이에 즐겁게 참여해야 놀이의 가치가 커집니다. 일부러 놀이를 통해 신체 능력, 사회성, 인지능력, 자존감 등을 발달시키려 하지 않아도 아이가 '진짜 놀이'를 즐긴다면 그런 것은 자연적으로 따라 오게 되는 것입니다.

정신 분석학자 에릭 에릭슨(Erik Erikson)의 심리학적 발달 단계를 살펴보면 아이는 태어나 학교에 들어가기 전까지 '신뢰감-자율성-주도성'을 차근차근 키워가게 돼요. 한 단계, 한 단계가 원활하게 진행되어야 다음 단계로 수월하게 넘어가게 됩니다. 생후 1년간은 부모와 신뢰 관계를 형성하며 세상을 향한 신뢰를 경험하고, 18개월경이 되면 자율성을 키워가게 되지요. 아이 스스로 무언가를 하고 싶어 하고, "안 해.", "싫어."라는 말을 함으로써 남이 나를 마음대로 할 수 없다는 걸 알려주고 싶어 해요. 이 시기에 부모가 나서서 뭐든지 다 해주거나, 아이의 활동을 제한하게 되면 수치심을 느끼고 사회 심리적인 발달에 부정적인 영향을 줄 수 있습니다. 4세 정도 되면 주도성을 키워가게 돼요. 자율성을 잘 키워온 아이들은 이 시기에도 큰 어려움 없이 스스로 계획하고 목표를 설정하며 달성하기 위해 노력하는 주도성을 키워가게 됩니다. 이 모든 과정에서 부모의 역할이 중요합니다. 아이가 스스로 하고 싶어 하는 욕구를 제한하지 말아야 해요. 스스로 무언가 할 수 있고 남이 아닌 자기의 주도로 즐거운 놀이를 할 수 있다는 사실을 경험하게 해주는 것이 주도적인 아이로 키우는 첫걸음 입니다.

놀이력을 키우자

요즘 부모들은 자녀 교육에 관심이 많아 놀이의 중요성에 대해 많이 인지하고 있는 것 같아요. 저 역시 아이를 잘 키우고 싶은 마음에 신생아 시절 육아 책을 살펴보며 놀이와 그림책 읽기만큼은 열심히 해야겠다고 다짐했어요. 미친 듯이 책을 파고, 논문을 훑어보며 공부를 했습니다. 그때 정리했던 내용을 바탕으로 아이에게 놀이가 중요한 이유에 대해 심도 있게 작성하려 했지만 모두 지웠습니다. 신체 발달, 정서 발달, 인지 발달, 상상력, 창의력, 사회성 발달 등 놀이가 중요한 이유는 이미 많은 독자분들이 알고 있을 것 같기 때문이에요. 아이 놀이책에 관심을 갖는다는 것은 이미 놀이가 중요하다는 걸 알고 계시다는 증거겠지요.

저는 '놀이력' 하나만 말씀드리고 싶어요. 우리는 흔히 '힘'을 뜻하는 접미사 '력'을 붙여 능력을 표현하곤 하죠. 체력, 정신력, 상상력, 창의력, 집중력, 요즘에는 살림력, 인싸력이라는 신조어도 사용하더군요. 아이도 마찬가지입니다. 놀아본 아이가 더 잘 놀 수 있습니다. 제대로 놀아본 아이는 무아지경의 상태, '몰입'의 상태로 빠르게 빠져들고, 그러한 능력은 훗날 학습을 하고 일을 할 때 빛을 발하게 됩니다.

놀이력이 좋은 아이는 어떤 환경에서도 스스로 놀이를 만들어내고 그 속에서 상상력과 창의력을 무한대로 발휘하며 즐길 줄

압니다. 인풋이 쌓여야 아웃풋이 나오는 것처럼요. 책으로 미끄럼틀을 한 번 만들어 놀아본 아이는 비슷한 사물을 접했을 때 응용해서 훨씬 멋진 미끄럼틀을 만들어냅니다. 엄마, 아빠와 상황극을 자주 해본 아이는 친구들과 놀 때도 주도적으로 상황극을 이끌어 갈 수 있지요.

제 아이가 4살이 되어 새로운 어린이집에 적응하던 시기에, 낯선 친구들에게 "우리 같이 이렇게 놀아보자. 이건 이렇게 해보자." 하며 놀이 방법을 설명해 줬다는 얘기를 선생님을 통해 들었어요. 이처럼 아이들은 작은 사회 안에서 어른들, 친구들과 놀고 부딪히면서 인생을 건강하게 살아가는 법을 배우게 됩니다. 함께 상상의 세계로 빠져들고, 새로운 것을 창조하고, 갈등을 해결하고, 협력하면서요.

우리 아이가 놀이력을 키워 놀이를 통해 행복을 느끼고, 성취감을 맛보면서 건강한 어른으로 성장할 수 있도록 부모의 노력이 필요합니다.

이 책 활용법

1. 바빠서 놀 시간이 없다면

맞벌이하는 부모님들은 아이와 충분히 놀아줄 시간이 부족해서 늘 미안한 마음을 가지고 있지 않나요? 하지만 죄책감은 내려놓으세요. 아이와의 애착은 함께하는 물리적인 시간도 중요하겠지만 그 시간의 질이 좋을 때 더 단단해집니다. 시간을 많이 낼 수 없다면, 하루에 딱 15분만 온전히 아이와 시간을 보내는 거예요. 그 15분 동안은 미안한 마음도, 직장에서의 스트레스도 모두 내려놓고 진심으로 신나게 즐겨보세요. 준비물이 필요 없는 신체 놀이를 위주로 신나게 스킨십을 하며 놀다 보면 아이의 얼굴에서 웃음이 떠나지 않는 시간을 보낼 수 있을 거예요. 아이에게 이 책을 보여주며 하고 싶은 놀이를 스스로 찾아보게 하는 건 어떨까요? 어떤 놀이든 아이가 원해야만 가치가 있는 것이니까요.

2. 놀이가 부담스럽다면

앞서 말했지만 온라인에 떠도는 화려한 놀이에 주눅 들지 마세요. 저는 성실한 엄마들처럼 부지런하게 놀잇감을 준비하지 못해요. 그래서 늘 집에 있는 재료를 활용한 놀이 위주로 한답니다. 오랜 시간 앉아 무언가를 복잡하게 만들어내는 방식을 저도, 아이도 선호하지 않거든요. 책에는 쉽게 해볼 수 있는 기본적인 놀이를 수록했습니다. 우리가 어린 시절 즐겁게 했던 놀이, 알고는 있지만 막상 놀려고 하면 생각이 안 나는 놀이, 스치듯 보고 나면 언제 어디서든 아! 하고 생각날 만한 놀이입니다. 준비물과 완성작에 에너지를 너무 쓰지 말고 최대한 아이와의 교감에 집중하길 바랍니다.

3. 미술 놀이의 뒤처리가 두렵다면

물감 놀이를 실컷 하고 나면 뒤처리가 막막합니다. 그래서 선뜻 물감을 꺼내지 못하는 부모님들이 많을 텐데요. 조금이라도 쉽게 접근하는 방법이 3가지가 있어요.

① 김장 비닐을 깐다.
② 놀이 매트를 깐다.
③ 욕조에서 한다.

저는 주로 욕조에서 물감 놀이, 촉감 놀이를 합니다. 아이를 탈의시키고 해도 좋고, 놀이 가운을 입히고 해도 좋습니다. 욕조에서 놀면 놀이가 끝난 후 샤워시키고 나오면 되니 편하답니다. 욕실 타일의 줄눈에 색이 물드는 게 걱정된다면 포리시트를 붙이면 됩니다. 욕조가 없다면 바닥에 김장 비닐을 깔면 좋아요. 놀이 후 비닐만 걷어내면 되기 때문에 간편합니다. 놀이 매트도 마찬가지고요. 미술 놀이도 어렵게 생각하지 마세요.

4. 놀이가 시시하다고 느껴진다면

준비물을 최소화한 놀이, 과정이 복잡하지 않은 놀이를 하다 보니 연령이 높은 아이들이나, 어떤 부모님들에겐 시시하다고 느껴질 수도 있습니다. 이 책의 놀이는 '기본 단계'라고 생각해 주세요. 이 책을 재료 삼아 다양하게 응용할 수 있습니다. 책에 나온 '색종이 징검다리'를 예로 들어볼게요. 책에는 색종이 징검다리를 색깔별로 밟고 지나가는 놀이 과정을 담았어요. 이를 확장해 4~6세 아이들에겐 별 모양, 동그라미, 세모 등으로 더욱 세분화해서 놀이를 진행할 수 있습니다. "빨간 별, 노란 동그라미만 밟고 누가 빨리 가나 해보자!" 이렇게 형제자매, 부모님과 시합한다면 놀이를 더욱 신나게 즐길 수 있습니다.

5. 놀이에 학습을 더하고 싶다면

놀이는 놀이 그 자체로서 가치가 있습니다. 부모가 개입하고 가르치려는 순간 아이는 흥미를 잃고 맙니다. 자율성과 주도성을 키우고 있는 시기에 과도한 개입은 오히려 아이에게 해가 될 수 있어요. 아이의 관심을 따라가다 보면 자연스럽게 지식을 전달할 기회가 생깁니다. 그때 아이의 집중을 방해하지 않는 선에서 놀이의 원리와 지식을 알려주면 됩니다.

발달 시기에 따라 아이가 글자나 숫자에 관심을 보일 때가 있습니다. 아이의 관심이 글자와 숫자에 쏠려 있다면 이때를 기회 삼아 글 놀이, 수 개념 놀이를 해주세요. 아이는 스스로 하고 싶은 마음이 들면 학습으로 인식하지 않고 논다고 생각하게 됩니다.

활용도 높은
집콕 놀이 준비물

풍선

일반 풍선과 물풍선을 구비해 두시면 쓰임새가 정말 많아요. 물풍선 여러 개에 한꺼번에 물을 넣을 수 있는 제조기도 시중에 판매되고 있어 유용해요.

음료수 병

분리수거 하기 전 음료수 병을 깨끗하게 씻어 두면 다양한 놀이 활동을 할 수 있습니다. 대신 이유식 용기를 사용해도 좋아요.

종이컵

놀이용으로 나온 알록달록한 종이컵은 색감 인지능력 발달에도 좋고 시각적으로도 좋습니다.

휴지심

다양한 놀이에 활용할 수 있는 좋은 놀이 재료이니 버리지 말고 따로 모아두시면 좋습니다.

마스킹 테이프, 가위, 풀

마스킹 테이프는 자국이 남지 않아 놀이용으로 쓰기 좋습니다. 전기 테이프도 활용도가 매우 좋아요.

가위질을 처음 하는 아이에겐 유아용 안전 가위가 필요합니다.

색종이

색종이 하나로 수많은 놀이를 할 수 있어요. 한 팩을 사 두면 붙이기, 접기, 자르기 등에 유용하답니다.

전지

그림 그리기, 퍼포먼스 미술 등에 쓰입니다. 작은 종이에 정교한 그림을 그리기 힘든 어린아이들에게 표현의 기회를 주기에 아주 좋습니다.

색연필, 크레파스

무독성인지, 손에 묻어나지 않는지 확인하면 좋습니다. 아이가 다양한 질감을 느껴볼 수 있도록 색연필, 크레파스, 연필, 형광펜 등 여러 도구를 경험하게 해주세요.

비눗방울

아이의 주의를 끌 때 비눗방울만큼 좋은 게 없지요. 버튼을 누르면 노래가 나오며 비눗방울이 퐁퐁 발사되는 장난감도 있습니다.

상자

튼튼한 박스는 만들기 재료로 찰떡입니다. 깨끗한 택배 박스는 버리지 말고 보관해 두세요.

물감

일반 물감, 야광 물감 모두 좋습니다. 아이의 피부에 직접 닿기 때문에 독성이 없는지 꼭 확인해야 합니다.

팔레트, 붓

아이가 성장함에 따라 붓의 종류가 달라집니다. 어릴 땐 크고 짧은 붓이나 스텐실 붓 등이 좋고, 크면서 점점 작은 붓으로 정교한 표현을 하게 됩니다.

글라스마카
창문이나 거울, 유리 등에 그림을 그릴 수 있는 펜입니다. 물티슈로 지우면 더 지저분해지므로 마른 티슈로 닦아주세요.

나뭇잎
자연은 최고의 놀이터입니다. 미세먼지 등으로 마음껏 자연을 누릴 수 없는 상황이라면 집에서 나뭇잎, 솔방울 등 자연물을 이용해 놀이하며 간접적으로 자연을 느낄 수 있습니다.

비닐
바스락거리는 비닐은 촉감 놀이용으로도, 만들기 재료로도 활용도가 매우 높습니다.

놀이 매트
촉감 놀이나 물감 놀이를 할 때 사방으로 튀는 것을 막아주어 뒷정리가 비교적 수월합니다.

1

종이로 놀아요

깃발 놀이

24개월부터 | 놀잇감: 색종이, 나무젓가락, 양면테이프, 가위 | 마음의 준비: ☀☀○○○
호기심 장전: ★★★★☆

추억의 '청기 백기' 놀이, 기억하시나요? 색종이로 간단하게 깃발을 만들어 아이와 놀 수 있습니다. 아이가 원하는 색상의 색종이를 고르고 삼각형으로 자른 후 나무젓가락에 붙이기만 하면 완성입니다. "빨간색 올려! 노란색 내려!" 하면 아이가 지시에 따르며 놀이를 이어 갈 수 있어요. 아직 지시에 따르기 힘든 어린 월령의 아이라도 깃발을 흔드는 행위 자체를 즐길 수 있답니다. 현재 30개월인 저희 아이는 "올려, 내려"는 어려워해서 "깃발 머리에! 깃발 무릎에!" 하며 신체 부위에 갖다 대도록 했어요. 더 어릴 때인 두 돌쯤에는 깃발을 들고 온 집안을 헤집고 다녔는데, 조금 크니 지시를 따를 수 있게 되었습니다. 아이의 인지능력이 발달함에 따라 난이도를 조금씩 올려보세요.

바람개비

| 18개월부터 | 놀잇감: 색종이, 압정, 나무젓가락, 가위 | 마음의 준비 : ☀️☀️☀️☀️☀️
호기심 장전 : ★★★★★ |

어릴 적 바람개비를 돌리며 놀았던 즐거운 기억이 한번쯤 있을 거예요. 우리 아이들에게도 그 기억을 선물해 주면 어떨까요? 집에서 선풍기 바람, 공기청정기 바람으로 돌릴 수도 있겠지만 맑은 날 야외에서 뛰어 노는 것만큼 좋은 건 없겠지요. 빨리 뛰면 뛸수록 신명나게 돌아가는 바람개비는 아이들이 신나게 뛰어놀 수 있는 원동력이 되어줍니다.

신체 활동이 아이들의 건강뿐만 아니라 인지기능을 강화한다는 연구 결과는 이미 너무 많습니다. TV 앞에 앉으려 하는 아이에게 바람개비를 쥐여주며 몸으로 놀 수 있도록 해주세요.

색종이의 모서리 끝에서 가운데로 가위질합니다. 중심에서 3cm 정도 남겨주세요.

각 모서리 끝을 가운데로 겹쳐 모아줍니다.

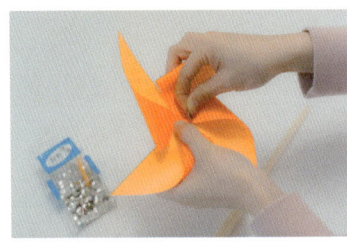

압정을 이용해 중심을 고정하고, 나무젓가락에 연결합니다.

아이에게 시범을 보여주고 직접 돌려보게 합니다.

더 놀아볼까요?

선풍기나 공기청정기 바람을 이용해 돌려봅니다.

색종이 모자이크

18개월부터 | **놀잇감**: 색종이, 도화지, 펜, 양면테이프, 풀, 가위 | **마음의 준비**: ☀️☀️☀️☀️☀️
호기심 장전: ★★★★★

물감 흘리기, 데칼코마니, 콜라주, 마블링, 점묘 등 미술 표현 기법은 매우 다양합니다. 그중에서도 우리 아이들이 쉽게 접근할 수 있는 미술 기법은 모자이크가 아닐까 싶어요. 색종이와 풀만 있으면 언제든 즐길 수 있지요. 색종이를 가위로 조각조각 자르고 풀로 붙이며 눈과 손의 협응력, 손바닥의 미세 근육을 발달시킬 수 있습니다. 풀칠을 어려워한다면 양면테이프를 이용하면 좋습니다. 꼭 색종이가 아니어도 된답니다. 마트 전단, 잡지, 신문지 등 여러 재료를 활용해 놀이를 할 수 있습니다.

하나

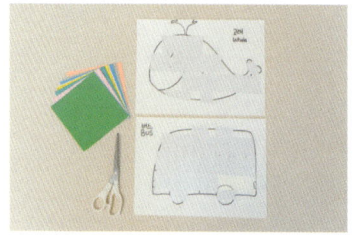

도화지에 그림을 그리고
양면테이프를 붙여주세요.

둘

유아용 가위로 색종이를 자르게 하고
자른 색종이를 한곳에 모아줍니다.

셋

그림 위에 하나씩 붙입니다. 공중에서
살짝 흩뿌리면 양면테이프를 붙인
곳에만 붙어 멋진 색상 표현이 됩니다.

넷

아이가 색종이를 공중으로 던지며
놀더라도 제지하지 말고
자유롭게 놀도록 해주세요.

종이로 놀아요 39

색종이 폭죽

| 18개월부터 | 놀잇감: 색종이, 휴지심, 풍선, 가위, 테이프 | 마음의 준비 : ☀☀☀☀
호기심 장전 : ★★★★★ |

어른들도 폭죽이 재미있는데 아이들은 오죽할까요? 휴지심을 버리지 않고 모아두면 이렇게 활용도가 좋답니다. 꼭 색종이가 아니라도 좋아요. 버리려고 놔둔 잡지, 전단 등을 활용해 폭죽 놀이를 할 수 있어요. 생일파티를 할 때마다 폭죽을 호시탐탐 노리는 아이들에게 이렇게 간단하고 안전한 폭죽을 쥐여주면 파티를 하는 내내 웃음이 끊이질 않겠지요.

하나

재료를 준비해 주세요.
색종이 대신 이면지도 좋아요.
아이와 함께 종이를 자릅니다.

둘

풍선 입구가 아닌 둥근 끝 부분을
살짝 자릅니다. 자른 부분을 휴지심에
끼우고 테이프로 감아줍니다.

셋

종이를 휴지심 안쪽에 넣습니다.

넷

풍선을 쭉- 잡아당겼다가 떼면
팡! 하고 폭죽이 터집니다.

더 놀아볼까요?

충분히 놀고 난 후 테이프 클리너를 주면 아이가 신나게 청소를 해줄 거예요. 종이가 붙는 게 신기하기도 하고, 빙글빙글 굴리는 게 재미있기도 하니까요!

색종이 터널

| 24개월부터 | 놀잇감: 색종이, 테이프 | 마음의 준비: ☀︎☀︎ · · ·
호기심 장전: ★★★★☆ |

굴러가는 공, 자동차를 좋아하는 아이들에게 터널은 흥미로운 요소입니다. 장난감을 터널 속으로 정확히 굴리기 위해서는 정신을 집중하고, 손의 근육들을 조절해야 하지요. 색종이 두 장을 연결해서 아치 형태로 여러 개의 터널을 만들어보세요. 아이는 굴릴 수 있는 장난감을 들고 와서 터널을 통과시키려고 해요. 부모와 아이가 함께 공을 굴려 누가 더 많이 터널을 통과시키는지 시합해도 좋고, 도로 만들기 놀이(p.296 참고)와 접목해서 풍성하게 놀이를 즐길 수도 있습니다. "칙칙폭폭 기차가 깜깜한 터널을 지나간다! 통과!"

색종이 불 끄기

24개월부터 | **놀잇감:** 색종이, 가위, 풀, 양말 | 마음의 준비: ☀☀☀
호기심 장전: ★★★★☆

두 돌쯤 지나면 대부분의 아이들은 머리 위로 공처럼 둥근 물체를 던지는 것을 흥미로워해요. 공을 가지고 엄마, 아빠와 주고받으며 놀아도 재미있지만 목표물을 조준하고 맞추는 놀이는 손목의 힘을 조절하고 집중력을 발달시키는 데 좋답니다. 또한 화재 현장이라는 극적인 요소는 아이가 놀이에 흠뻑 빠져들도록 해줍니다. 색종이로 불꽃을 만들고 양말을 힘껏 던져 불꽃이 떨어지도록 해보세요. 온몸을 이용해 불을 끄면서 대근육이 쑥쑥 발달합니다. 조준이 끝나면 소방차 같은 장난감으로도 놀 수 있어요.

하나

빨간색과 노란색 색종이로 불 모양을 만들어 집안 곳곳에 붙여주세요. 접착력을 약하게 하기 위해 테이프를 여러 번 떼었다 붙였다 한 후 붙여주세요.

둘

"불이야~ 지안아, 출동해줘!"
"알았어요. 조금만 기다려요.
내가 불을 다 꺼줄게!"
상황극을 시작합니다.

셋

양말을 던져 불꽃을 떨어뜨려 보세요.
"와! 불이 꺼졌다!"
아이가 임무에 성공하면
칭찬하는 것도 잊지 마세요.

더 놀아볼까요?

한 번 만들어둔 불꽃은 언제든 꺼내 쓸 수 있습니다. 가끔 아이가 무료해 보일 때 놀이를 해주면 좋아요.

종이비행기

24개월부터 | 놀잇감: 색종이, 전지, 가위

마음의 준비 : ☀︎☀︎
호기심 장전 : ★★★★☆

어린 시절 옥상에 올라 쉴 새 없이 종이비행기를 날리며 즐거워했던 기억이 있어요. 나도 날 수 있을까 하는 허무맹랑하고 설레는 상상도 했었지요. 각기 다른 형태의 기억으로 남아 있는 종이비행기를 우리 아이들에게도 선물하면 어떨까요? 넓은 놀이터에서 마음껏 날려보면 좋겠지만, 집에서도 충분히 즐길 수 있습니다. 전지에 구멍을 뚫고 비행기를 통과시키며 곡예비행을 해보는 거예요. 어른들에게도 도전 욕구를 불러일으키는 놀이입니다. 수 개념이 생긴 아이라면 구멍마다 숫자를 매겨서 점수를 내는 놀이를 하면 재미있겠죠?

하나

전지에 서로 다른 크기의 구멍을
뚫어 문에 붙입니다.

둘

종이비행기를 날려
구멍을 통과해 보세요.
보기엔 쉽지만 막상 해보면
꽤 어렵답니다.

셋

아이가 구멍으로 던지는 것을
어려워한다면 번쩍 안아서 비행기를
통과시킬 수 있게 도와주세요.

종이 헬리콥터

24개월부터 | 놀잇감: 색종이, 가위, 클립 | 마음의 준비 : ☼☼☼☼☼
호기심 장전 : ★★★★★

간단하지만 아이에겐 종이비행기만큼이나 큰 호응을 끌어낼 수 있는 놀이입니다. 과학 박물관에 가면 가끔 보게 되는 놀이기도 합니다. 빙글빙글 회전하며 떨어지는 헬리콥터의 모양이 아름답고, 아이 눈에는 신기하게 느껴집니다. 색종이, A4용지, 신문지 등 다양한 종이를 이용해 만들어보고, 날개의 길이를 짧게, 길게 만들어 공중에 띄워보세요. 어떤 차이가 있는지 아이와 이야기하며 넌지시 과학 지식을 알려줄 수 있습니다.

하나

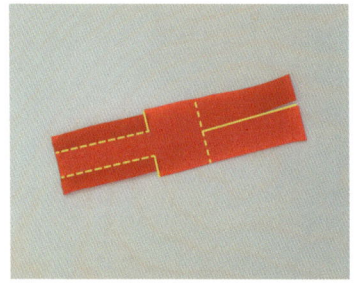

색종이를 1/4등분 하고
사진과 같이 점선은 접고,
실선은 잘라주세요.

둘

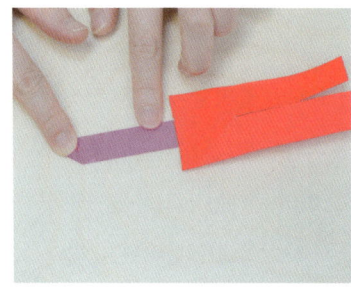

심지가 될 부분을 삼각형으로
접어주세요. 접은 부분에 클립을
끼워주면 더 좋습니다. 날개 부분을
앞뒤로 벌려 접어줍니다.

셋

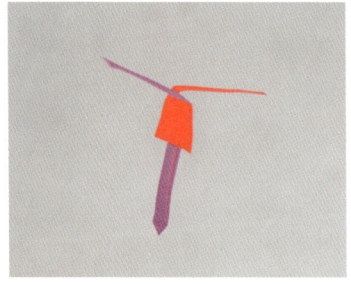

높은 곳에서 떨어뜨리면
공기 저항 때문에 앞뒤로 접힌 날개에
공기가 부딪치면서 빙글빙글 돌며
천천히 떨어집니다.

색종이 징검다리

| 18개월부터 | 놀잇감: 색종이, 테이프 | 마음의 준비 : ☼ ☼ ☼ ·
호기심 장전 : ★ ★ ★ ★ ☆ |

개월 수에 따라 무궁무진하게 변형할 수 있는 색종이 징검다리 놀이입니다. 아직 어린 아이들에겐 바닥에 알록달록 색종이가 붙어 있는 자체가 재미있을 테고, 두 돌쯤 지난 아이들에겐 빨간색만 밟기 같은 미션을 주면 흥미를 유발할 수 있어요. 좀 더 큰 아이들에겐 한 발로 뛰기, 두 발로 뛰기, 노란색 밟지 않고 가기 등 조금 더 어려운 미션을 줄 수 있겠지요. 색을 인지하고 몸의 균형 감각을 기르는 데 정말 좋은 놀이랍니다.

하나

접착력이 세지 않은 테이프를 이용해
바닥에 색종이를 색깔별로
번갈아 가며 붙여줍니다.

둘

"빨간색만 밟아볼까?"
"노란색만 밟고 더 일찍 도착하기!"
아이에게 미션을 주면 놀이의 재미는
훨씬 업그레이드됩니다.

셋

도착~!
아이가 무사히 미션을 완료했다면
아낌없이 칭찬해 주세요.

종이로 놀아요

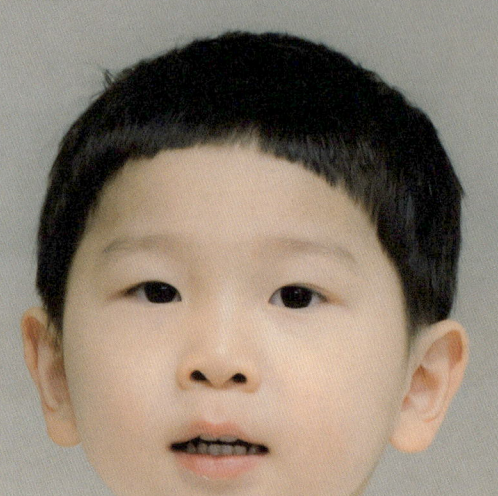

전단지 마트 놀이

| 24개월부터 | 놀잇감: 전단지, 스케치북(도화지), 가위, 풀, 펜 | 마음의 준비 : ☀️☀️☀️☀️☀️
호기심 장전 : ★★★★☆ |

마트에 갈 때마다 가져오게 되는 전단. 전단에는 맛있는 음식도 많고 흥미로운 장난감 사진도 많아 재미있는 놀잇감이 될 수 있어요. "어떤 게 먹고 싶어? 엄마는 사과가 먹고 싶네~ 먹고 싶은 걸 잘라서 붙여볼까?" 이렇게 놀이를 제안하면 아이는 호기심 가득한 얼굴로 참여하게 될 거예요. 가위질, 풀칠을 하면서 소근육이 발달하고 음식 사진을 과일, 고기 등으로 분류하며 분류 개념도 익힐 수 있습니다. 수 개념이 생긴 시기라면 "얼마예요?", "500원이요~" 하며 계산 놀이를 할 수도 있어요.

하나

"먹고 싶은 걸 잘라볼까?" 아이와 함께 전단지에서 맛있는 음식 사진을 가위로 오립니다.

둘

스케치북에 분류표를 만들고 과일은 과일끼리, 과자는 과자끼리 분류해 봅니다.

셋

분류한 음식 사진을 붙입니다.

넷

"사과 하나 사고 싶어요. 계산해 주세요~" 물건을 사고팔면서 마트 놀이를 즐겨보세요.

종이로 놀아요

종이배

24개월부터 | **놀잇감: 색종이, 빨대, 대야** | 마음의 준비 : ☀☀☀
호기심 장전 : ★★★★★

빨대로 입김을 후~ 불면 배가 둥둥 떠다니는 것을 볼 수 있어요. 빨대를 부는 활동은 입 주변의 근육을 많이 사용하기 때문에 언어 발달에도 도움이 됩니다. 빨대로 비눗방울을 부는 놀이도 마찬가지입니다. 목욕 시간에 욕조에 배를 둥둥 띄워 재미있는 시간을 만들어보세요.

하나

색종이를 3등분으로 접은 후 1/3을 잘라내고, 반으로 접습니다.

둘

양쪽을 세모꼴로 접고,
앞뒤로 밑단을 접어올립니다.

셋

세모 안쪽으로 손을 넣어 공간을
만들어 준 뒤 네모로 만들어주세요.
그 뒤 아래쪽 모서리를 올려 접어
세모를 만듭니다.

넷

다시 안쪽으로 손을 넣어 공간을 만든
뒤 네모로 접어줍니다. 위의 꼭짓점
부분을 양손으로 잡은 후 양쪽으로
잡아당겨 주면 완성입니다.

전지 자르기

24개월부터 | 놀잇감: 전지, 펜, 어린이용 가위 | 마음의 준비 : ☀️☀️☀️
호기심 장전 : ★★★★☆

두 돌이 지나고 손목의 힘이 좋아지기 시작하면 아이들은 가위질에 큰 관심을 보입니다. 손과 손목을 많이 움직이는 활동은 소근육 발달뿐만 아니라 아이의 뇌를 자극하는 효과가 있어요. 눈과 손의 협응력과 미세한 손의 근육들이 발달하면서 가위질이 점차 능숙해지게 됩니다. 이러한 활동은 이후 글씨 쓰기와 같은 학습 활동을 하는 데 큰 도움이 됩니다. 색종이를 자르는 것도 재미있지만 큰 전지에 선을 그어주면 가위질을 더 적극적으로 하게 돼요. 가위질이 아직 능숙하지 않은 아이라면 부모가 종이를 팽팽하게 잡아주세요.

하나

전지에 선을 가득 그립니다.

둘

"쭉쭉 잘라볼까?" 그려놓은 선대로
마음껏 자르며 놀아요.

셋

가위질이 익숙한 아이라면
지그재그, 곡선 등 재미있는 선을 그려
자르게 해주세요.

더 놀아볼까요?

신나게 잘라낸 전지를 탁자에 붙여 아이만의
아지트를 만들어주세요. 예나 지금이나
아지트 만들기는 아이들에게 최고의
놀이랍니다.

2

공으로 놀아요

013

골대에 골 넣기

12개월부터 | **놀잇감: 공, 바구니** | **마음의 준비 :** ☼ ☼ ・ ・ ・
호기심 장전 : ★ ★ ★ ☆ ☆

쉽고 고전적인 것만큼 아이가 좋아하는 놀이가 어디 있을까요? 상자나 빨래 바구니로 골대를 만들어놓고 온 가족이 "슛~ 골인!"을 외치는 이 놀이는 어느 집 아이나 재미있어할 거예요. "엄마도 하고 싶어. 엄마도 해볼래~ 우와! 엄마 골 넣었다. 골인!" 하며 살짝 약 올리듯이 말하면, 아이는 승부욕에 불이 붙어 더 열심히 던지곤 해요. 던지는 능력이 발전함에 따라 골대 위치를 점점 더 멀리 두면 좋겠지요. 빨래를 갤 때마다 공과 양말을 가져와 골인을 해대는 통에 거실은 늘 난장판이지만 아이가 행복해하는 미소를 보면 그런 것쯤이야 문제도 아니랍니다.

더 놀아볼까요?

공뿐만 아니라 양말, 인형, 블록 등 집에 있는 가벼운 물건을 던져보게 해주세요. 이렇게 던지며 놀다가 물건 각각의 속성을 깨우치게 될 거예요.

피날레는 바구니를 뒤집어 쓰고 유령처럼 노는 놀이겠죠! 바구니를 엎어놓고 거실을 한참 휘젓고 다닌 후에야 놀이는 끝이 난답니다.

볼링

| 12개월부터 | 놀잇감: 공, 페트병, 통조림 캔 등 | 마음의 준비 : ☀☀☀☀☀
호기심 장전 : ★★★☆☆ |

특별한 준비물 없이 언제 어디서든 신나게 즐기는 볼링 놀이. 볼링핀은 페트병이어도 좋고, 통조림 캔이나 종이컵도 좋아요. 여기에 공을 던져도 좋고 양말을 던져도 좋습니다. 원하는 물건으로 볼링핀을 세워두면 아이 스스로 알아서 발로 공을 차거나 방에 있던 장난감 자동차를 가져와 굴려보기도 하고 무너진 볼링핀을 세워보기도 해요.

"와~ 무너졌다!" 무너뜨릴 때의 그 쾌감. 아이들은 이렇게 움직임이 큰 활동으로 스트레스를 푼답니다.

더 놀아볼까요?

자동차를 이용해 무너진 볼링 핀을 카펫 밖으로 밀어내는 놀이도 아이가 무척 좋아한답니다.

종이컵이나 캔처럼 쌓을 수 있는 물건이라면
아이가 직접 쌓을 수 있도록 해주세요.

3

셀로판지로 놀아요

망원경

12개월부터 | 놀잇감: 셀로판지, 휴지심 2개, 가위, 풀, 테이프, 스티커 | 마음의 준비: ☀ ☀ ☀ ☀ ☀
호기심 장전: ★ ★ ★ ★ ☆

휴지심의 변신은 어디까지일까요? 휴지심에 셀로판지를 붙이는 간단한 손짓 한 번으로 우리 아이를 콜럼버스 버금가는 탐험가로 만들어 줄 수 있어요. 망원경을 예쁘게 꾸미는 일은 물론 망원경의 색상을 정하는 것도 아이가 하도록 해주어야겠죠!

평소에 보던 사물이 빨간색, 파란색 등 다른 색으로 보는 일은 아이들에겐 아주 놀랍고 색다른 경험이에요. 자신이 직접 만든 나만의 전용 안경이 생겼다는 것도 만족스러울 테고요. 아이가 클수록 망원경의 퀄리티는 점점 더 좋아질 거예요.

― 하나 ―

휴지심 테두리에 풀을 발라 네모로 자른 셀로판지를 붙여줍니다.

― 둘 ―

휴지심에 맞게 빙 둘러 잘라준 후 풀로 붙여 고정합니다.

― 셋 ―

스티커가 있다면 다양하게 활용해 아이가 꾸밀 수 있도록 도와주세요.

― 넷 ―

이제 휴지심 두 개를 테이프로 이어주기만 하면 완성입니다.

"엄마 얼굴이 빨간색이야!"
망원경으로 집안 곳곳의 사물을 관찰하고
이야기합니다.

셀로판지 뛰기

| 18개월부터 | 놀잇감: 셀로판지 | 마음의 준비 : ☀☀○○○
호기심 장전 : ★★★★☆ |

셀로판지를 날리면 팔랑팔랑 바닥으로 떨어지지만, 얼굴에 대고 달리면 떨어지지 않죠. 온 세상이 셀로판지 색으로 보이는 흥미로운 경험과 함께 아이에게 공기 저항을 느끼게 하는 좋은 놀이예요. 셀로판지가 없다면 종이나 비닐도 좋아요. 얼굴 대신 배에 대고 달리면 되니까요. 어린 아이들에겐 마냥 재미있는 놀이로, 조금 큰 아이들에겐 공기 저항을 알려줄 수 있는 기회로 만들어보세요. 층간소음이 발생할 수 있으니 매트 위에서만 놀 수 있도록 옆에서 도와주세요.

셀로판지 모자이크

18개월부터

놀잇감: 셀로판지, 가위, 전기 테이프, 분무기

마음의 준비 : ☼ ☼ ☼ ☼ ☼
호기심 장전 : ★ ★ ★ ★ ★

팔랑팔랑 떨어지던 셀로판지에 물을 뿌리니 유리창에 착! 달라붙어요. 이 현상을 처음 본 아이는 눈이 휘둥그레지며 놀랐어요. 물론 분무기로 물을 뿌리는 활동 자체를 더 신기해했지요. 어린아이들에겐 분무기가 손의 힘을 기르는 아주 좋은 도구가 되기도 합니다. 전기 테이프를 이용해 아이가 좋아하는 상어, 물고기, 자동차 밑그림을 그려주니 셀로판지에 물을 흥건하게 뿌리고 붙이면서 신나게 놀았답니다.

하나

셀로판지를 조각내어 잘라주세요.
다양한 색상일수록 좋아요.

둘

전기 테이프로 아이가 좋아하는
그림을 그려주세요. 탄력이 있어서
곡선도 쉽게 만들 수 있어요.

셋

"물고기는 무슨 색으로 붙여줄까?"
아이가 선택한 색의 셀로판지로
그림을 예쁘게 채워봅니다.

넷

개월 수가 높아질수록 그림을
완성하려는 욕구가 커져요. 멋지게
완성하면 성취감도 쑥쑥 올라가겠죠?

더 놀아볼까요?

엄마와 아빠를 향해 물총 발사!
아이 손에 분무기가 있다면 피할 수 없는
관문이죠. 아이의 즐거움을 위해서 주변이
조금 젖더라도 신나게 놀아주세요.
뿌리면 안 되는 곳은 정확히 알려주고요.

선 캐처 만들기

12개월부터

놀잇감: 셀로판지, 손 코팅지, 가위, 전기 테이프

마음의 준비: ☀️☀️☀️
호기심 장전: ★★★★☆

'선 캐처(Sun catcher)'라는 이름이 아름다워요. 햇빛을 잡는다니! 아이와의 행복한 시간을 잡아두고픈 부모의 마음과도 같아요. 아메리카 원주민들은 선 캐처가 태양의 기운을 모아 사방으로 퍼지게 하여 집에 좋은 기운을 불러들인다고 믿었어요. 빛이 들어오면 실내에 아름다운 그림자를 만들어내는 인테리어 효과도 있답니다. 셀로판지와 손 코팅지로 간단하게 선 캐처를 만들어볼 수 있어요. 검은색 도화지에 도안을 그려 칼로 잘라내도 되지만, 테이프를 이용하면 좀 더 손쉽게 밑그림을 그릴 수 있습니다. 집의 조명을 이용해 선 캐처를 바닥에 비춰보고, 햇빛이 쨍쨍한 날에는 야외에 들고 나가 햇빛을 잡으며 놀아보세요.

하나

손 코팅지에 테이프로
밑그림을 그려요.

둘

코팅지의 비닐을 떼어내면
끈적끈적한 면이 나오는데, 여기에
셀로판지를 알록달록하게 붙여요.

셋

비닐을 다시 덮어도 좋고,
비닐을 덮지 않고 그림 테두리를 따라
잘라내도 좋아요.

넷

완성입니다. 빛에 비추며 놀아볼까요?

셀로판지로 놀아요

4

쿠션으로 놀아요

쿠션 산

12개월부터 | 놀잇감: 큰 쿠션 혹은 방석

마음의 준비 : ☀️☀️☀️
호기심 장전 : ★★★★☆

아이가 걷기 전부터 자주 즐기던 놀이입니다. 집에 있는 쿠션을 끌어모아 산처럼 만들었어요. 타고, 오르고, 넘어지고, 또 타고, 오르고. 푹신한 쿠션 위에서는 마음대로 몸을 통제할 수 없고 움직임의 예측이 불가능해 더욱 신이 나는 모양이에요. 몸이 흔들흔들하기 때문에 넘어지지 않기 위해 중심을 잡아보기도 하고, 이러한 움직임을 통해 균형 감각 발달에 도움을 줄 수 있습니다.

쿠션으로 놀아요

쿠션 기차

12개월부터 | 놀잇감: 큰 쿠션 혹은 방석

마음의 준비 : ☼ ☼ ☼ ☼
호기심 장전 : ★ ★ ★ ★ ★

엄마, 아빠의 허리는 조금 힘들지만 부모의 체력 소모량과 비례해 아이의 즐거움은 커져만 갑니다. 이제 막 걸음마를 시작했을 무렵부터 이렇게 기차를 태워주면 아이가 숨이 넘어갈 듯 웃으며 재미있어했어요. 아이는 달리는 쿠션 기차에서 떨어지지 않기 위해 온몸의 근육을 사용해 균형 잡는 연습을 하게 돼요. 밖에 나갈 수 없는 상황이라면 집에서 이렇게 대근육을 발달시킬 수 있는 활동을 많이 하는 것도 좋습니다.

5 풍선으로 놀아요

풍선 바람

| 12개월부터 | 놀잇감: 풍선 | 마음의 준비 : ☀ ○ ○ ○ ○
호기심 장전 : ★ ★ ★ ★ ☆ |

풍선은 언제 꺼내도 인기 만점 놀잇감이에요. 신생아 때부터 풍선만 있으면 하루 반나절은 거뜬히 보낼 수 있었어요. 풍선 놀이를 본격적으로 하기 전 워밍업. 풍선을 불고 입구를 막았다가 살짝 놓아주세요. 서로의 얼굴에 유쾌한 바람을 불어주어요. 아이가 바람을 충분히 느끼고 즐거워했다면 이제 엄마, 아빠 차례입니다. 최대한 우스꽝스러운 표정을 지어주세요.

공중 부양 풍선

| 12개월부터 | 놀잇감: 풍선, 미니 선풍기, 막대기 | 마음의 준비 : ☀☀○○○
호기심 장전 : ★★★☆☆ |

풍선을 공기청정기나 선풍기 위에 올려놓으면 떨어지지 않고 공중에 붕 떠 있어요. 천장에 매달았을 때와는 또 다른 재미가 있어서 아이가 아주 재미있어한답니다. 풍선 두 개를 번갈아 가며 띄워보기도 하고, 막대기로 팡팡! 치기도 하고요. 1~3세 아이들은 이 현상 자체를 신기하게 느끼고, 풍선을 떨어뜨리려고 노력하며 신나게 놀이를 즐길 테고요. 4~6세 아이들에겐 공기의 흐름에 대해 쉽게 이해할 수 있는 기회가 될 거예요.

023

대롱대롱 풍선

12개월부터 | **놀잇감: 풍선, 끈, 테이프, 막대기** | 마음의 준비 : ☀️☀️☀️
호기심 장전 : ★★★★★

천장에 끈을 연결해 풍선을 대롱대롱 매달아봤어요. 아무리 쳐도 풍선이 도망가지 않으니 아이에게 도전 욕구를 불러일으키나 봐요. 높이를 각기 달리한 풍선들은 시각적으로도 재미있는 요소입니다. 무엇보다 아이가 신나게 신체 활동을 할 수 있으니 밖에 나갈 수 없는 시기에 아주 유용한 놀이죠.

── 하나 ──

풍선에 끈을 묶어 천장에 붙여줍니다.
옷걸이에 걸어주어도 좋습니다.

── 둘 ──

높낮이를 다르게 붙여주세요.

── 셋 ──

손, 막대기, 양말 등 주위에 있는
다양한 도구를 사용해 놀이를 이어갈
수 있도록 옆에서 도와주세요.

풍선으로 놀아요

마라카스

| 12개월부터 | 놀잇감: 풍선, 쌀, 콩 | 마음의 준비: ☀ ☀ ☀ ☀ ☀
호기심 장전: ★ ★ ★ ★ ★ |

풍선에 쌀, 콩 등을 넣어주면 멋진 마라카스로 뚝딱 변신! 걷기 전 아이들부터 한참 뛰어다니는 아이들까지 모두가 재미있게 즐길 수 있는 놀이예요. 풍선에 쌀, 콩 등 다양한 재료를 넣고 풍선을 크게 불어 흔들면 흔들 때마다 각기 다른 소리가 나기 때문에 매우 흥미로워한답니다. 노래를 부르며 신나게 춤을 추고 엄마, 아빠와 공놀이하듯 주고받으며 즐거운 시간을 만들어보세요. 아주 어린 아기라면 엄마, 아빠가 넣어주고 돌이 지난 아이들에겐 직접 하나씩 넣을 기회를 주세요. 소근육 발달에 좋습니다. 풍선에서 나는 소리를 들으며 차이점을 이야기해 보세요.

물풍선 터트리기

| 24개월부터 | 놀잇감: 물풍선, 점토 혹은 스티로폼, 이쑤시개 | 마음의 준비: ☀☀☀☀
호기심 장전: ★★★★★ |

물풍선은 물렁물렁한 촉감 때문에 그냥 가지고 놀아도 아이들이 재미있어 하지만 터뜨리는 놀이까지 하면 열 배는 더 신나게 놀 수 있습니다. 스티로폼이나 점토 등에 이쑤시개를 꽂아둡니다. 너무 완벽하게 준비하지 않아도 됩니다. 신경 써야 할 건 오직 아이의 즐거움이에요. 고슴도치 같은 이쑤시개 더미에서 물 폭탄이 팡팡 터질 때마다 통쾌한 기분이 들어요. 제가 느끼는 것을 아이도 똑같이 느끼겠지요. 유쾌한 기억이 가득한 놀이 시간을 보낼 수 있답니다.

하나

스티로폼에 이쑤시개를 꽂거나 점토로 모형을 만들어서 이쑤시개를 꽂아주세요. 연령이 높은 아이라면 모양을 만드는 과정부터 함께하면 좋습니다.

둘

물풍선을 준비합니다.
여러 개를 한 번에 만드는 물풍선 제조기도 시중에 판매해요.

셋

말랑말랑 물풍선을 만져봅니다.

넷

뾰족한 고슴도치 등을 향해 던져주세요! 엄청난 집중력을 발휘하는 아이의 모습을 보게 될 거예요.

더 놀아볼까요?

놀이가 끝날 때쯤엔 이쑤시개로 직접
터뜨려보는 건 어때요? 이쑤시개에 찔리지
않게 주의를 주는 것 잊지 마세요.

026

줄줄이 풍선

12개월부터 | 놀잇감: 풍선, 양면테이프 | 마음의 준비 : ☀ ☀ ☀ ☀
호기심 장전 : ★ ★ ★ ★ ★

풍선에 양면테이프를 붙여 길게 만들어주면 색다른 놀잇감이 돼요. 애벌레 같기도 하고 줄줄이 소시지 같기도 하죠. 놀잇감을 어색해할 수도 있으니 부모가 먼저 풍선의 움직임을 보여줍니다. 탐색이 끝나면 아이 스스로 놀이를 만들어낼 거예요. 하늘 위로 던져보기도 하고, 흔들어보기도 할 테고요. 아이의 성향에 맞게 자유롭게 놀도록 해주세요.

물레방아

| 12개월부터 | 놀잇감: 풍선, 양면테이프, 공기청정기 혹은 드라이기 | 마음의 준비 : ☀ ☀ ☀
호기심 장전 : ★★★★★ |

풍선 여러 개를 연결해 동그랗게 만든 후 공기청정기 바람 위에 띄우면 빙글빙글 물레방아처럼 돌아가요. 다른 풍선 놀이를 실컷 하다가 흥미가 떨어진다 싶을 때 이렇게 해주면 처음과 같은 엄청난 집중력을 보여준답니다. 공기청정기, 드라이기, 서큘레이터 모두 가능하지만 바람의 세기에 따라 원활하지 않을 수도 있으니 참고해 주세요. 드라이기는 꼭 찬바람으로 해주세요.

하나

7~8개의 풍선을 풍선 꼭지가
바깥으로 향하도록 둥글게 붙입니다.

둘

공기청정기 위에 띄우면
물레방아처럼 돌아갑니다.

셋

완성~! 신나는 공중 놀이가 됩니다.

더 놀아볼까요?

놀이의 끝은 포크로 풍선 터트리기!
단, 풍선이 터지는 소리를 무서워하는
아이들도 많으니 아이의 성향에 맞게 놀이를
이어가 주세요.

풍선 로켓

18개월부터 | 놀잇감: 풍선, 빨대, 실 | 마음의 준비 : ☀☀☀☀☀
호기심 장전 : ★★★★★

풍선에 빨대를 붙여 실을 끼운 후, 양쪽 벽에 실을 고정해 주면 멋진 로켓 발사 장치가 완성돼요. 풍선에 바람을 넣고 손을 놓으면 슝- 하고 날아가지요. 이런 장치 없이 그냥 풍선이 날아가는 것만 봐도 너무 재미있어 하지만, 이렇게 해 놓으면 풍선을 주우러 다니지 않아도 된답니다. 아이 눈에는 풍선이 실을 따라 움직이는 게 흥미롭기도 하고요. 풍선을 직접 불 수 있는 개월 수의 아이들은 수십 번 반복하며 즐거워할 거예요. 풍선을 불 수 없다면 옆에서 계속 불어주어야 해요.

하나

풍선에 빨대를 붙입니다.
빨대에 실을 끼우고, 양쪽 벽에 실을
붙여주세요. 벽에 붙일 수 없다면
책장, 의자 등을 활용해 실을 팽팽하게
붙여주세요.

둘

풍선에 로켓 그림을 그리거나, 색종이
등으로 자유롭게 만들어 붙여주세요.
아이가 훨씬 더 놀이에 빠져들어요.

셋

풍선을 불고(매듭짓지 않아요)
손을 놓으면 푸슝~~ 하며 실을 따라
날아갑니다.

풍선으로 놀아요

얼음 속 장난감 구출

| 18개월부터 | 놀잇감: 풍선, 작은 장난감, 국자, 장난감 망치 | 마음의 준비 : ☀️☀️☀️☀️☀️
호기심 장전 : ★★★★★ |

얼음 속에 장난감을 가두면 흥미로운 상황극 소재가 됩니다. 얼음을 가지고 놀며 차가운 촉감을 느껴보고, 장난감 망치로 두드려 깨보고, 따뜻한 물을 부어 녹여보기도 하며 즐길 수 있어요. 장난감뿐만 아니라 산책길에서 만난 꽃잎, 나뭇잎을 물에 넣어 얼리면 시각적으로도 아름다운 놀이가 되고, 물에 물감을 풀어 얼리면 예쁜 미술 도구가 되기도 하지요. 문화센터에 가지 않아도, 화려한 장난감이 없어도 일상 속에서 충분히 두뇌 발달을 위한 다양한 자극을 줄 수 있답니다.

― 하나 ―

풍선이나 이유식 용기에
아이가 좋아하는 작은 장난감과 물을
넣고 얼립니다.

― 둘 ―

풍선을 벗기면 크고 동그란 얼음에
갇힌 장난감이 나옵니다.
장난감을 구출할 수 있는 도구들을
준비해 주세요. 숟가락, 국자, 장난감
망치 무엇이든 좋아요.

― 셋 ―

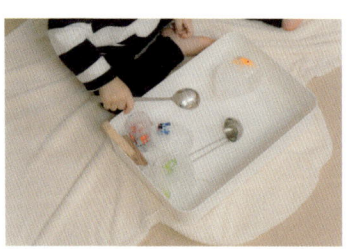

얼음을 충분히 만져보고,
장난감들을 구출합니다.
도구로 부숴보고, 드라이기 바람을
불어보고, 따뜻한 물을 부어보는 등
방법은 여러 가지입니다.

풍선으로 놀아요

6
음료수 병으로 놀아요

하키 놀이

12개월부터 | 놀잇감: 음료수 병, 국자 | 마음의 준비: ☀ ☀ ☀ ☀ ☀
호기심 장전: ★ ★ ★ ★ ★

쌓기 놀이, 볼링 놀이를 하다가 무너진 음료수 병을 국자로 신나게 밀어보세요. 물론 깨지지 않는 페트병이나 캔이 좋겠죠.

"장애물들을 카펫 밖으로 다 밀어내보자!"

"쾅! 쾅! 밀어냈다!!"

엄마, 아빠가 신나게 놀이를 시작하면 아이는 금세 웃음 띤 얼굴로 참여하게 돼요. 골대에 골인을 할 수 있다면 더 좋겠지만, 아직 그럴만한 신체 능력이 없는 경우에는 카펫 밖으로 밀어내는 것만으로도 충분히 재미있답니다. 누가 더 많이 밀어내는지 시합을 해도 너무 좋아하고요. 주방에 있는 국자만으로도 이토록 재미있게 놀 수 있다니 아이들은 정말 순수하지요.

더 놀아볼까요?

국자나 막대기 말고도 하키 놀이를 할 수 있는 도구는 무궁무진해요. 자동차를 좋아하는 아이라면 자동차로 장애물들을 처리할 수 있고, 공룡 인형으로 빵! 빵! 물리칠 수도 있겠죠.

음료수 병이나 종이컵 등 장애물을 꺼내놓았다면 볼링처럼 손으로 던지고 발로 차면서 눈과 손, 눈과 발의 협응력을 기를 수 있어요.

… 031

스파게티 꽂기

12개월부터 | **놀잇감: 음료수 병, 스파게티 면** | 마음의 준비 : ☀ ☀ ☀ ☀ ☀
호기심 장전 : ★ ★ ★ ★ ★

스파게티는 좋은 촉감 놀이 재료이자 소근육 발달 놀잇감입니다. 딱딱 소리를 내면서 부러뜨려 보고, 부러뜨린 스파게티를 비처럼 내려 촉감을 느껴 보고, 모래 놀이를 하듯 즐겨볼 수도 있습니다. 자유롭게 탐색한 후에 작은 미션을 주면 의외로 집중력을 발휘해요.

"이 페트병 구멍에 스파게티를 꽂아볼까?" 한 가닥씩 꽂은 후 다른 통으로 옮겨 담고, 와르르 쏟고, 다시 꽂는 과정을 계속 반복할지도 모릅니다. 페트병이 아닌 입구 크기에 따라 다른 병도 얼마든지 활용할 수 있어요. 아이가 스파게티를 이용해 새로운 놀이를 만들어 낸다면 아낌없이 격려해 주세요.

7

박스로 놀아요

032

구슬 페인팅

| 18개월부터 | 놀잇감: 상자, 도화지, 물감, 구슬 | 마음의 준비 : ☀ ☀ ☀ ☀
호기심 장전 : ★ ★ ★ ★ ★ |

물감 묻은 공을 상자 안에 넣고 기울이면 멋진 작품이 탄생합니다. 구슬이 상자 벽면에 부딪히며 내는 '탁' 소리에 꽂히는 아이도 있을 것이고, 구슬이 구르는 모습 자체에 꽂히는 아이도 있을 거예요. 확실한 것은 이 놀이가 모든 아이들의 흥미를 끈다는 사실입니다. 단순한 놀이지만 의외로 멋진 결과물이 나와서 부모도 아이도 만족도가 높습니다.

하나

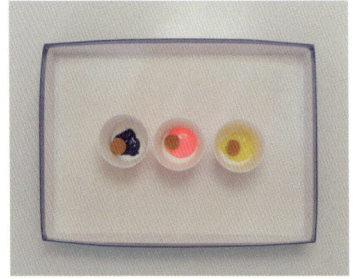

구슬을 물감에 묻힙니다.

둘

상자 안에 도화지를 한 장 깔고,
물감 묻은 구슬을 상자에 넣습니다.

셋

이리저리 기울이며
구슬의 움직임을 관찰합니다.
물감 색깔을 바꾸면 또 다른 느낌의
구슬 그림이 탄생해요.

033

두더지 잡기

18개월부터 | 놀잇감: 박스, 칼, 인형, 뽕망치

마음의 준비 : ☀ ☀ ☀
호기심 장전 : ★ ★ ★ ★ ★

엄마, 아빠에게는 추억의 게임인 두더지 잡기 놀이. 작은 박스에 구멍을 뚫는 간단한 작업만으로 아이의 에너지를 분출할 수 있게 하는 놀이입니다. 상자에 뚫린 구멍 위로 인형 머리가 쑥 올라오면 아이가 신나게 치게 되어요. 순발력을 요구하는 놀이라는 것 잘 아시죠? 인형의 머리를 뽕뽕 때리다 보면 어른들도 추억에 잠겨 시간 가는 줄 모르고 빠져듭니다. 놀이 시간이 넉넉하다면 색칠 도구나 스티커를 이용해 더 완성도 높은 두더지 상자를 만들 수 있어요. 구멍을 뚫은 부분에서 먼지가 날 수도 있으니 마스킹 테이프로 마감 처리를 해주면 좋습니다.

하나

박스에 인형의 머리 크기만큼
원을 그립니다.

둘

조심하며 칼로 구멍을 뚫고 상자의
옆면은 한쪽만 잘라줍니다.

셋

구멍 사이로 인형을 쑥쑥 올리면
아이가 뿅망치로 신나게 내려칩니다.
"잡았다! 아야!" 효과음을 내주면
더 재미있습니다.

넷

아이와 역할을 바꿔보세요.
한 번씩 실수해 주는 센스!
허둥지둥하는 엄마와 아빠의 모습에
아이는 숨넘어가듯 웃어댑니다.

박스로 놀아요

비밀 상자

18개월부터 | 놀잇감: 박스, 칼

마음의 준비 : ☀☀ · · ·
호기심 장전 : ★★★★ ☆

오로지 손의 촉감만을 이용해 사물을 맞춰보는 놀이예요. 예능 프로그램에서 많이 보았던 게임과 같습니다. 출연자가 낙지 등 예상치 못한 것들을 만지며 얼굴이 일그러지는 걸 보면서 크게 웃었던 기억이 나요. 다른 감각을 사용하지 않고 촉각에만 집중할 수 있고, 사물을 머릿속에서 연상해 보는 경험도 할 수 있어요. 아이가 즐거워하는 건 당연하고요. 상자의 한쪽 면을 잘라내고, 양옆에 팔을 끼울 수 있는 구멍을 만들기만 하면 돼요.

하나

아이의 몸에 맞는 적당한 크기의
상자를 준비해 주세요.

둘

상자에 팔을 끼울 구멍을 만들고
아이를 놀이에 초대합니다.
"엄마가 지안이 손에 무언가를
줄 건데, 안 보고 한 번 맞춰볼까?"

셋

아이가 평소 가지고 놀던 장난감,
집에 있는 작은 물건 등
흥미로운 사물들을 만져보고,
촉감만을 이용해 맞춰봅니다.

더 놀아볼까요?

"오! 주스다 주스!
지안이가 좋아하는 주스예요!"

놀이에 흥미가 떨어져 갈 때쯤, 아이가
좋아하는 간식을 깜짝 선물로 주면 놀이는
훨씬 더 즐거운 기억으로 남게 됩니다.

035

박스 자동차

| 18개월부터 | 놀잇감: 박스, 테이프, 칼, 가위, 풀, 색종이, 펜 | 마음의 준비 : ☀☀☀☀
호기심 장전 : ★ ★ ★ ★ ★ |

택배를 받으면 유독 깨끗하고 버리기 아까운 상자가 생길 때가 있어요. 그럴 때 저는 조금 귀찮더라도 아이와 함께 자동차를 만들곤 합니다. 만들기 전엔 과정이 복잡하고 어려울 것 같지만 사실 바퀴만 붙이면 끝이랍니다. 아이들은 뭐든지 바퀴만 있으면 자동차라고 생각하니까요. 아이와 함께 색연필, 테이프 등으로 자동차를 예쁘게 꾸미며 즐거운 시간을 채워갈 수 있습니다. 아이가 커갈수록 자동차가 점점 정교해질 거예요. 아이는 자기 손으로 무언가를 만들었다는 뿌듯함, 성취감으로 휩싸이게 됩니다. 조금 어설퍼도 괜찮습니다. 어디에도 없는 아이만의 특별한 자동차를 함께 만들어 보세요.

하나

박스의 윗면 중 한쪽을 잘라
앞 유리창을 만듭니다.

둘

색종이를 바퀴 모양으로 잘라,
상자에 붙입니다.

셋

유리창과 손잡이, 헤드라이트를
그려주세요. 색연필, 스티커, 색지 등을
이용해 자동차를 꾸며봅니다.

넷

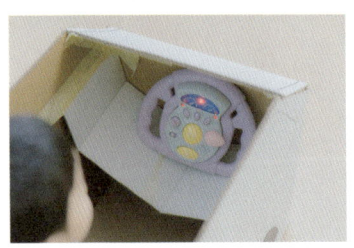

운전대 그림을 그리거나, 운전대
장난감을 넣어주면 훨씬 현실감이
생깁니다.

박스로 놀아요 163

박스 스키

18개월부터 | 놀잇감: 박스, 가위, 슬리퍼 혹은 샌들, 테이프 | 마음의 준비: ☀☀☀☀
호기심 장전: ★★★★★

아이가 그림책에 나온 스키를 보고 신기해하길래 박스로 스키를 만들어줬어요. 만드는 과정은 간단하고, 노는 과정은 기대를 뛰어넘는 놀이입니다. 단순히 걸을 때와는 달리 쓱- 미끄러지는 느낌이 재미있는지 한참을 신나게 놀았어요. 사실 스키라기보단 스케이트에 가까웠지만요.

하나

박스를 아이의 발 크기에 맞게
스키 모양으로 잘라줍니다.

둘

아이의 슬리퍼, 샌들 등을
테이프로 고정해 주세요.

셋

쓱- 쓱- 미끄러지며 신나는
스키 타임을 즐겨요.

박스로 놀아요

037

자동차 터널

18개월부터

놀잇감: 색종이, 박스, 휴지심, 색연필, 가위, 풀

마음의 준비 : ☀ ☀ ☀ ☀ ☀
호기심 장전 : ★ ★ ★ ★ ★

엄마, 아빠의 수고로움을 조금만 보태면 멋진 교구를 만들 수 있습니다. 물론 마음이 내키지 않는다면 다른 놀이를 해도 좋습니다. 아이의 즐거움도 중요하지만 함께 노는 부모의 재미도 간과할 수 없겠지요. 자동차 색깔 터널은 아이가 색 인지를 한창 하던 때 시작한 놀이인데 지금도 여전히 좋아합니다. 휴지심에 색종이를 붙여 알록달록하게 터널을 만들고 색연필로 같은 색의 도로를 만들어주면 좀 더 현실감이 생깁니다. 빨간색 터널에 빨간 자동차를, 파란색 터널엔 파란 자동차를 굴려보면서 저절로 색 인지 발달에 도움이 됩니다. 꼭 자동차가 아니어도 돼요. 색깔 공, 동물 피규어, 어떤 것이라도 아이가 좋아하는 장난감을 가지고 놀면 됩니다.

하나

색종이, 박스, 휴지심, 색연필, 가위, 풀을 준비합니다.

둘

박스 위에 길게 미끄럼틀을 만듭니다.
색종이로 감싼 휴지심을
미끄럼틀 위에 붙입니다.

셋

"파란 자동차는
파란색 터널을 지나가요~",
"빨간 자동차가
빨간색 도로를 달려요~"
다양한 색깔의 단어를
이야기하며 놀이를 이어갑니다.

터널 속에 구슬, 작은 공, 장난감 등을 굴려보세요. 어떤 장난감은 휴지심 구멍보다 크기가 크죠. "장난감이 휴지심 구멍보다 커서 안 들어가네~" 하며 크기 개념을 알려주면 좋습니다.

8

냄비로 놀아요

038

뚜껑 맞추기

12개월부터 | **놀잇감: 크기가 다른 냄비 3~4개** | **마음의 준비 :** ☀ ☀ ◦ ◦ ◦
호기심 장전 : ★ ★ ★ ★ ☆

돌 전부터 꾸준히 즐길 수 있는 냄비 뚜껑 맞추기 놀이예요. 각기 다른 크기의 냄비 뚜껑을 알맞게 맞추는 일은 아이에게는 굉장한 도전이 될 수 있어요. 크기를 분별하는 능력을 발달시키기 위해 시중에 판매되는 다양한 교구를 이용할 수도 있겠지만, 이렇게 냄비 뚜껑만으로도 시각적 변별력, 일대일 대응 등 수리 능력을 키워줄 수 있답니다.

하나

각기 다른 크기의 냄비와
뚜껑을 바닥에 준비한 뒤
아이의 관심을 끌어보세요.

둘

"이 뚜껑은 어디에 맞지~?
어라, 여기가 아니네~?" 하며
흥미를 유도하면 아이의
도전 욕구를 자극해요.

셋

"뚜껑이 냄비에 딱 맞네?"
하며 칭찬도 해주고, "이 뚜껑은
이 냄비보다 더 크네?" 하며 크기와
관련된 어휘를 알려주면
더욱 좋겠지요.

냄비로 놀아요

냄비 드럼

12개월부터 | **놀잇감: 냄비, 숟가락, 뿅망치 등** | 마음의 준비 : ☀ ☀ ☀ ☀ ☀
호기심 장전 : ★ ★ ★ ★ ☆

냄비 종류에 따라, 그리고 냄비를 치는 도구에 따라 각기 다른 소리가 나지요. 아이들은 이렇게 다른 소리가 나는 걸 신기해해요. 냄비를 뒤집어 드럼 모양으로 구색을 갖추고, 도구를 건네주면 아이는 열정적인 드럼 연주자가 됩니다. 아이가 좋아하는 신나는 노래를 틀어놓고 박자를 맞추며 드럼 연주를 해보는 건 어떨까요?

소리의 변별력을 키워주는 건 아주 중요하답니다. 청각은 항상 열려 있는 감각이지만, 의식적으로 활용하지 않으면 발달시키기 어려운 감각이기 때문이에요. 꼭 이런 놀이가 아니라도 평소에 산책길에서 들리는 소리에 관심을 가지고 이야기를 나눠보는 것도 좋아요.

"방금 자동차 지나가는 소리 들었어?", "잘 들어봐, 까마귀 소리가 들려?" 이런 습관을 들였더니, 아이가 말이 트인 후에 이렇게 말하더군요.

"엄마, 잘 들어봐. 바람 소리가 들려?"

하나

냄비들을 준비합니다.

둘

냄비를 칠 수 있는
다양한 도구를 준비합니다.

셋

냄비에서 각각 어떤 소리가 나는지
듣고 이야기합니다.
도구에 따라서도 소리가 어떻게
달라지는지 함께 들어봅니다.

넷

아이가 좋아하는 음악을 틀고
신나게 드럼 연주를 해봅니다.

더 놀아볼까요?

늘어놓은 냄비 위를 징검다리처럼 건너보아요. 아이가 미끄러지지 않게 지켜보고요!

040

장난감 구출

| 18개월부터 | 놀잇감: 냄비 혹은 샐러드 볼, 랩, 포크 | 마음의 준비: ☀☀☀☆☆
호기심 장전: ★★★★☆ |

"자동차가 여기 갇혔어. 어쩌면 좋지? 네가 구출해줘! 출동!"
약간의 호들갑을 더하며 시작하면 아이는 더욱 행동을 과장하면서 자동차 구조대로 변신해 자동차들을 구출해요. 처음엔 자동차를 구해야겠다는 목적을 가지고 구멍을 내어 장난감을 꺼내지만 점점 랩에 포크를 콕 찍어 구멍을 내는 행동 자체에 흥미를 느끼고 놀이를 이어가게 된답니다. 아이들은 포크로 찍을 때 뽁뽁 소리가 나는 것, 구멍이 퐁퐁 뚫리는 모습을 신기해해요. 랩이 너덜너덜해질 정도로 포크로 찍어내더니 다시 랩을 씌워달라는 아이. 수십 번을 반복하고 나서야 구조대의 임무를 완수할 수 있었답니다.

하나

냄비나 깊은 볼에 아이가 좋아하는 장난감을 넣고 랩으로 감싸줍니다.

둘

포크로 콕콕 찍으며 구멍을 내봅니다.

셋

구멍을 뚫어 장난감을 구출합니다.

냄비로 놀아요

비닐 오감 놀이

| 12개월부터 | 놀잇감: 비닐 | 마음의 준비 : ☀ ☀ ☀ ☀ ☀
호기심 장전 : ★ ★ ★ ★ ☆ |

아이의 오감 발달을 위해 촉감 놀이를 해주고 싶은데 뒤처리도 막막하고, 재료마다 있을지 모르는 알레르기도 걱정된다면 비닐로 시작해 보세요. 아이는 비닐 특유의 소리와 촉감을 재미있어해요. 비닐을 무작정 뭉쳐 하늘로 휙 던져 보고, 비닐을 가면처럼 머리에 쓰기도 하고요. 비닐을 길게 이어 붙이면 줄다리기를 할 수도 있고, 빨랫줄을 만들어 빨래 널기 놀이도 할 수 있답니다. 정해진 규칙은 없습니다. 비닐 하나만으로 놀이를 무한대로 만들어낼 수 있어요.

190 　오늘은 집에서 문화센터처럼 놀아요

비닐로 놀아요

낙하산

12개월부터

놀잇감: 비닐, 끈, 가위, 동물 그림 혹은 피규어

마음의 준비: ☼☼☼••
호기심 장전: ★★★★☆

비닐을 이용한 아주 쉬운 만들기 놀이입니다. 간단하지만 아이에게 공기 저항력을 체험하게 해줄 수 있죠. 장난감을 그냥 떨어뜨리면 수직으로 뚝 떨어지지만 낙하산을 연결하면 천천히 떨어집니다. 가벼운 종이를 매달았을 때, 조금 무거운 피규어를 매달았을 때 떨어지는 속도가 달라지는 것도 놀이를 통해서 알게 되지요. 낙하산에 아이가 좋아하는 동물을 연결하면 흥미로운 상황극 요소가 됩니다.

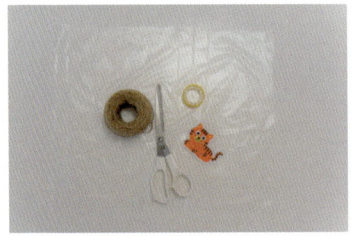

재료를 준비해 주세요. 피규어가 없다면 스티커 등 아이가 좋아하는 동물이나 사물이 그려진 것도 좋아요.

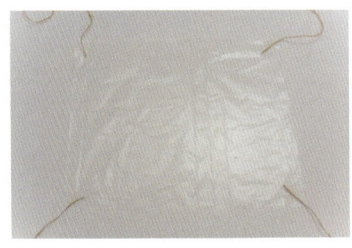

비닐의 각 모서리에 끈을 붙입니다.

아이가 좋아하는 동물 그림을 오린 후 비닐에 붙인 끈을 연결합니다.

높은 곳에서 떨어뜨리면 낙하산을 탄 동물이 천천히 떨어집니다.
상황극으로 놀이의 재미를 더하는 것도 잊지 마세요.

"낙하산 덕분에 고양이가 다치지
않고 내려올 수 있었어!"

비닐로 놀아요

043

비닐 풍선

| 12개월부터 | 놀잇감: 비닐 | 마음의 준비 : ★★☆☆☆ |
| | | 호기심 장전 : ★★★★☆ |

일반 풍선과는 또 다른 재미가 있는 비닐 풍선 놀이예요. 바람을 넣어 묶어 주면 끝! 하늘거리며 떨어지는 비닐 풍선을 땅에 닿지 않게 손과 발로 팡팡 차면서 놀면 스트레스가 훨훨 날아갈 거예요. 엄마에게 패스를 하고, 엄마가 던진 비닐 풍선을 받아보면서 눈과 손의 협응력 또한 발달할 수 있을 테고요! 개월 수가 어린 아기에게도 아주 흥미로운 놀잇감이 돼요. 바스락바스락 비닐 소리도 재미있고, 촉감도 신기해서 아이의 호기심을 일으키는 건 물론, 오감 발달에도 도움이 된답니다.

꼬리잡기

| 12개월부터 | 놀잇감: 비닐 | 마음의 준비 : ☀☀☀ ☀ ☀
호기심 장전 : ★★★★ ★ |

어릴 적 소풍을 하러 가면 레크리에이션 시간에 꼭 하던 꼬리잡기 놀이, 기억하시나요? 비닐을 길게 찢고 연결해서 꼬리처럼 만들면 금세 꼬리잡기 놀이를 할 수 있어요.

"꼬리 잡아봐~~~라!"

도망가는 사람도, 꼬리를 잡는 사람도, 스피드와 순발력이 필요하다는 사실! 아이를 즐겁게 해주기 위해 시작했는데 다이어트까지 되었다는 행복한 이야기가 담긴 놀이입니다.

045

상어 먹이 주기

12개월부터

놀잇감: 지퍼백, 물감, 헤어젤 혹은 알로에 젤, 콩, 구슬 등 먹이 재료

마음의 준비: ☀ ☀ ☀
호기심 장전: ★★★★☆

아주 어린 아기 때부터 활용할 수 있는 센서리 백(Sensory bag) 놀이입니다. 지퍼백 안에 쌀, 구슬, 콩, 수정토, 물감, 수수깡 등 어떤 것이든 넣어주세요. 다양한 촉감을 느끼며 놀 수 있습니다. 영유아기에 이런 놀이를 통한 오감 발달은 아주 중요하답니다.

지퍼백 안에 헤어젤 혹은 알로에 젤을 가득 넣고 원하는 재료를 넣으면 완성이에요. 물감을 살짝 섞어 색을 내면 더 좋겠죠? 아이의 호기심을 자극하기 위해 상어 그림을 그려 상어에게 먹이를 주는 상황극을 해보았습니다. "상어가 배고픈가 봐. 바닷속 먹이들을 상어에게 나누어줄까?" 먼저 운을 띄웠더니 아이는 "상어가 배고파서 어떡해. 내가 맛있는 걸 줘야겠어." 하며 신나게 구슬을 이리저리 옮겨 상어 입으로 가져갑니다. 상어뿐만 아니라 아이가 좋아하는 동물을 그려주세요. 시간이 된다면 먹이를 조금 더 사실적으로 만들어도 좋습니다.

하나

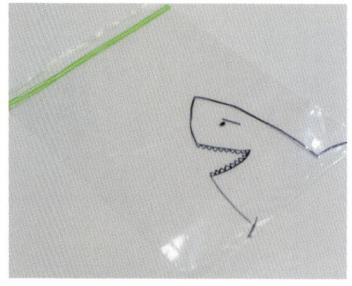

지퍼백에 동물을 그립니다.
이왕이면 입을 크~게 그려주세요.

둘

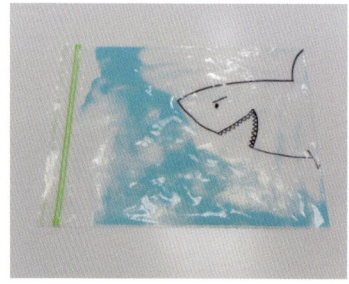

젤과 물감을 지퍼백 안에 넣어줍니다.
저는 파란 물감을 섞어
바다를 표현했어요.

셋

먹이를 표현할 콩, 수정토, 구슬 등을
넣고, 손으로 이리저리 눌러보며
상어에게 먹이를 줍니다.

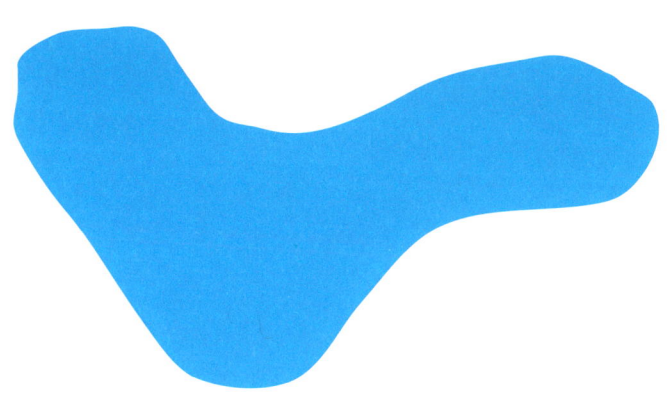

비닐로 놀아요

리본체조

12개월부터 | 놀잇감: 리본(끈), 나무젓가락, 접착제 | 마음의 준비 : ☀ ☀ ☀ ☀ ☀
호기심 장전 : ★ ★ ★ ★ ★

선물을 받거나, 어떤 물건을 사면 버리기 아까운 리본이 들어 있는 경우가 있어요. 그럴 땐 나무젓가락에 붙여서 아이한테 쥐여주세요. 마치 체조선수라도 된 듯이 멋진 춤을 출 거예요. 신나는 음악을 듣고, 음악의 느낌에 따라 몸을 움직이는 활동을 통해 감정을 표현하고 조절하는 능력을 발달시킬 수 있습니다. 또한 대근육을 움직이는 신체 활동을 많이 하면 근지구력, 순발력, 민첩성 등 기초체력이 향상됩니다. 야외 활동을 자주 할 수 없는 시기에는 집에서 신체 활동을 많이 할 수 있도록 도와주세요.

하나

접착제를 이용해 나무젓가락에 리본을 붙입니다.

둘

아이가 좋아하는 노래를 틀고 리본을 흔들며 신나게 춤을 춥니다.

비닐로 놀아요

10

물감으로 놀아요

047

내 얼굴 꾸미기

12개월부터 | 놀잇감: 글라스 마카, 거울

마음의 준비 : ☀ ☀ ☀
호기심 장전 : ★ ★ ★ ★ ☆

거울 속에 비친 자기 얼굴을 따라 그려보며 신체에 대한 감각을 익힐 수 있어요. 거울 놀이는 뒤집기를 하는 시기부터 꼭 필요해요. 손으로 눈, 코, 입 부위를 가리키며 놀다 보면 자연스럽게 신체 부위를 습득하게 되고 인지능력과 자아 개념을 발달시키게 돼요. 돌에서 두 돌쯤 되어 아이가 자기인식을 하게 되면 거울 속에 비친 내 모습을 따라 그려볼 수 있어요. 시각, 지각 능력과 소근육의 협응력을 키워주는 아주 좋은 놀이입니다.

아이를 무릎에 앉히고 "눈~ 코~ 입~" 하면서 각 부위를 가리키며 이야기해봅니다. 그런 후에 부모가 먼저 얼굴을 따라 그리는 시범을 보여주면 좋아요. "눈썹이 초승달 같네~", "앵두 같은 입술이 여기 있네~" 이야기를 하며 그림을 그리면 더 좋겠지요.

면봉 점묘화

| 18개월부터 | 놀잇감: 면봉, 물감, 전지, 종이컵 | 마음의 준비 : ☀☀☀☀☆
호기심 장전 : ★★★★★ |

면봉과 물감을 준비했더니 아이가 놀랐어요. '엄마가 약을 발라줄 때 쓰던 것으로 그림을 그린다고?' 생각하는 듯한 표정이었지요. 여러 개의 면봉을 뭉쳐 몸통을 테이프로 고정해 주면 일회용 붓이 됩니다. 여러 색깔의 물감을 묻혀 찍으니 재미있는 모양이 찍혀 멋지게 그림을 장식할 수 있었어요. 창의성은 무에서 유를 창조하는 것이 아니라 이미 있던 것들을 새롭게 보는 것이라고 하죠. 스티브 잡스는 "창조라는 것은 그냥 여러 가지 요소를 하나로 연결하는 것"이라고 말하기도 했습니다. 어릴 때부터 사물이나 현상에 대해 고정관념을 갖지 않고 다양한 시각으로 보는 연습을 해야 해요. 미술놀이를 할 때도 마찬가지입니다. 아이에게 창의력을 물려주긴 어렵지만 눈에 보이는 모든 것들이 놀이 재료가 되는 경험은 선물할 수 있습니다.

―― 하나 ――

전지에 동물이나 사물의 그림을 그려 붙이고 종이컵에 물감을 짠 다음, 면봉 뭉치를 테이프로 붙여 준비합니다.

―― 둘 ――

면봉에 물감을 묻혀 콕콕 찍어봅니다.

―― 셋 ――

도장처럼 찍어보세요.
어떤 모양이 나오는지 관찰하며
자유롭게 놀아주면 됩니다.

어린아이라면 밑그림을 그려주고,
그리기를 즐기는 아이라면 밑그림도
아이가 그리게 해주세요.

물감으로 놀아요　215

도장 찍기

| 18개월부터 | 놀잇감: 물감, 다양한 채소 혹은 물건 | 마음의 준비: ☀☀☀☀☀
호기심 장전: ★★★★☆ |

파프리카, 브로콜리, 레몬 등 자주 접하는 식재료가 아이들이 좋아하는 도장 찍기의 재료가 될 수 있답니다. 물감을 손으로 가지고 놀며 퍼포먼스 미술을 오래 즐겼던 아이들은 촉감에 대한 욕구가 충족되면 도구를 사용하고 싶어하는 경향이 있어요. 붓을 사용한 정교한 미술 활동을 하기 전, 다양한 소재의 도구를 이용해 놀아주세요. 재료마다 모양이 다르게 찍히는 것을 관찰하는 재미가 있습니다. 먼저 시범을 보여주고, "이건 어떤 모양이 나올까?" 질문하며 호기심을 자극해 주세요. 식재료 외에도 신문지, 공 등 도장이 될 수 있는 소재는 무궁무진하답니다.

핑거 페인팅

18개월부터 | 놀잇감: 물감, 테이프, 에어캡, 키친타월, 호일, 일회용 랩 | 마음의 준비: ☀☀☀☀☀
호기심 장전: ★★★★☆

미술 놀이를 종이 위에서만 하는 게 지겨워졌다면 에어캡, 휴지, 호일 등 다양한 질감을 느끼며 핑거 페인팅을 즐겨보세요. 소재마다 그릴 때의 느낌이 다르고, 물감이 묻었을 때 보이는 느낌도 다르답니다. 랩은 미끌미끌하고, 휴지는 보슬보슬하고, 에어캡은 울퉁불퉁하지요. 물감이 묻어도 지우기 쉬운 욕실에서 놀아보세요. 아이와 함께 다양한 촉감에 대해 이야기하고 언어 표현력을 길러주면서, 신체를 이용해 색을 표현하면 오감발달에도 도움이 됩니다.

하나

에어캡, 키친타월, 호일, 일회용 랩 등
다양한 소재를 벽에 붙입니다.

둘

물감을 준비합니다.

셋

손을 이용해 자유롭게 칠합니다.
한 단계 업그레이드해서 붓으로
놀아도 좋아요.

더 놀아볼까요?

물감 놀이를 매일 해서 흥미가 떨어졌다면 야광 물감이 좋은 대안이 됩니다. 평소와 똑같이 물감으로 그림을 그리며 놀다가 물감이 빛을 머금었다 싶을 때 불을 끄고 "서프라이즈~!"라고 외쳐주는 거예요. 우주에 관심이 생기는 나이가 되면 아이만의 우주를 만들며 행복한 시간을 보낼 수 있어요.

051

자동차 세차

18개월부터 | 놀잇감: 물감, 전기 테이프, 스펀지 | 마음의 준비 : ☀ ☀ ☀ ☀ ☀
호기심 장전 : ★ ★ ★ ★ ★

목욕 시간에 물감 하나만 있으면 한 시간은 거뜬히 놀아요. 여기에 전기 테이프로 자동차 하나 툭 만들어주면 아이는 놀이를 확장하고 또 확장합니다. 물감으로 자동차를 색칠하며 시작된 놀이는 스펀지를 쥐여주자 "차가 너무 더러워졌네. 깨끗하게 세차해야겠다." 하며 세차 놀이로 자연스럽게 넘어갔어요. 그러고 나서 다시 물감으로 색칠하고, 다시 세차하고 무한반복의 늪이지만, 아이가 충만감을 느끼는 것만큼 중요한 건 없답니다.

아이들의 모방심리는 발달 과정에서 나타나는 자연스러운 현상이에요. 부모의 행동을 보고 따라 하는 과정을 통해 언어와 행동을 습득하게 되지요. 아이와 세차장에 같이 간 적이 있었는데, 그 이후로 아이는 차가 더러우면 세차를 하고 싶어 해요. 세차하는 아빠의 모습이 멋져 보였던 거겠죠. 아이와 어른의 일들을 매번 함께할 수 있다면 좋겠지만, 상황이 여의치 않을 땐 이렇게 놀이로 승화하는 것도 좋습니다.

하나

전기 테이프를 이용해 자동차 밑그림을 그려줍니다.

둘

아이가 원하는 색상의 물감을 주고 자유롭게 놀도록 합니다.

셋

아이가 물감을 가지고 충분히 논 것 같을 때, 스펀지를 건네줍니다.
"차가 더러워졌네.
반짝반짝 깨끗하게 세차해 볼까~?"

넷

스펀지도 신나게 가지고 놀았다면, 이제는 샤워기를 건네줄 차례입니다. 어쩌면 아이가 제일 신나게 즐기는 놀이일 수도 있어요.

더 놀아볼까요?

아이는 스펀지가 물을 빨아들이고 뱉어내는 현상을 신기해할 수 있어요. 물을 듬뿍 먹였다가 손으로 꾹 눌러 물을 짜내는 활동은 재미있기도 하지만 손의 힘을 길러주는 데도 좋습니다.

테이프를 쭉 뜯어내는 건 아이가 일종의 쾌감을 느끼는 활동이에요. "떨어진다, 떨어진다~~" 옆에서 리액션을 하면 훨씬 더 좋아합니다.

052

화재 진압하기

12개월부터 | **놀잇감: 물감, 붓** | 마음의 준비 : ☀ ☀ ☀ ☀ ☀
호기심 장전 : ★ ★ ★ ★ ★

아이들 대부분은 한 번쯤 TV 속의 멋진 소방관이 되어 불을 끄는 상상을 해 볼 텐데요. 그 꿈을 실현해 주는 건 어렵지 않아요. 욕실 타일에 물감으로 불길을 큼직하게 그려놓고 "불이야!"를 외치면 그곳은 소방관이 출동해야 할 화재 현장이 됩니다. 저는 아이가 소방차에 관심을 가지던 돌쯤부터 욕실에서 불 끄기 놀이를 했어요. 급한 상황을 연출하면, 그다음은 아이가 스스로 놀이를 이어가게 돼요. 비장한 표정으로 불을 다 끄고 나서 "내가 불 다 껐어!"를 외치는 아이. 아이가 커갈수록 샤워기로 불을 조준하는 능력이 업그레이드되는 걸 지켜보는 뿌듯함도 있어요.

053

자동차 액션 페인팅

18개월부터 | 놀잇감: 물감, 전지, 테이프, 장난감 자동차 | 마음의 준비 : ☀️☀️☀️☀️
호기심 장전 : ★★★★☆

물감을 색다르게 즐길 수 있는 놀이입니다. 자동차 바퀴가 굴러가며 만드는 선의 무늬를 관찰하고 색이 섞이는 과정을 즐길 수 있어요. 손이나 붓으로 그리는 것과는 또 다른 재미가 있어 미술 놀이에 흥미가 떨어졌을 때 하면 좋습니다. 자동차마다 물감 색을 다르게 묻혀주면 조금 더 다채로운 색상의 작품이 탄생할 거예요.

하나

재료를 준비해 주세요.

둘

아이의 키에 맞게 전지를 붙여요.

셋

장난감 자동차에 물감을
골고루 묻혀줍니다.

넷

바퀴를 굴리면서
바퀴의 모양과 색의 변화를
관찰합니다.

더 놀아볼까요?

"이제 세차 시간이야!"
바퀴를 깨끗하게 씻는 것도 재밌는 놀이가 됩니다.

11

촉감으로 놀아요

054

비눗방울 터뜨리기

18개월부터 | **놀잇감: 비눗방울**

마음의 준비 : ☀️☀️☀️
호기심 장전 : ★★★★★

비눗방울은 만능 놀잇감입니다. 아이의 신체 발달에도 좋고, 어떤 활동을 하기 전에 주의를 환기하기에도 제격이지요. 무엇보다 중요한 건 아이들이 너무너무 좋아한다는 거예요.

손으로 잡기 → 손가락으로 터뜨리기 → 도구를 이용해 터뜨리기 → 팔꿈치로 비눗방울 터뜨리기 → 팔로 바구니를 만들어 비눗방울 통과시키기 → 비눗방울 피하기까지 아이의 신체 발달이 어느 정도인지에 따라 난이도를 조절합니다. 비눗방울을 처음 접한 아이는 비눗방울을 잡으려고 무작정 뛰어다니지만 신체 조절 능력이 조금씩 발달하면서 손가락으로 터뜨리거나, 비눗방울을 피하는 활동까지 할 수 있게 됩니다. 바람 없는 날 넓은 공터에서 비눗방울을 불면 신선한 공기도 마음껏 마시고, 에너지도 시원하게 발산하며 활기차게 놀이를 즐길 수 있습니다.

055

장난감 숨바꼭질

| 12개월부터 | 놀잇감: 쌀, 그릇, 장난감 | 마음의 준비: ☀ ☀ ☀ ☀ ☀
호기심 장전: ★ ★ ★ ★ ★ |

구강기가 지났다면 다양한 재료로 촉감 놀이를 할 수 있습니다. 쌀은 손에 묻어나지 않고 알레르기 걱정도 없는 데다 집에 항상 있는 식재료라서 촉감 놀이 재료로 아주 좋습니다. 머핀 틀이나 그릇을 이용해 아이가 좋아하는 장난감을 쌀 속에 숨겨보세요. 그러면 아이는 "내가 구해줄게!" 하며 비장한 목소리로 장난감을 찾아냅니다. 놀이 매트를 깔고 하면 뒷정리도 간편합니다. 간혹 매트 밖으로 튀어나온 쌀알을 아이가 밟을 수도 있으니 조심하세요.

하나

쌀을 만져보며 탐색합니다.
공중에서 떨어트리면 비가 내리듯
토도도독- 하는 소리가 납니다.

둘

작은 그릇이나 머핀 틀에
장난감을 숨겨 찾도록 합니다.

셋

"조금만 기다려. 내가 구해줄게!"
재미있는 상황극을
이어나갈 수 있습니다.

더 놀아볼까요?

플라스틱 반찬통이나 페트병에 쌀을 담아
간단하게 마라카스를 만들 수 있습니다.
악기를 흔들며 신나게 놀아보세요.
이 외에도 지퍼백에 쌀과 물감을 넣어 섞어서
쌀을 염색할 수도 있어요. 염색 후 하룻밤
말리면 알록달록 색감으로 훨씬 다채로운
놀이가 됩니다.

056

밀가루 모래

| 12개월부터 | 놀잇감: 밀가루, 오일, 장난감, 놀이 매트 | 마음의 준비 : ☀☀☀☀
호기심 장전 : ★★★★★ |

모래와 물만 있으면 온종일 놀 수 있는 게 아이들이지만, 현실적으로 모래를 자주 접하기가 힘들어요. 모래사장에 가려면 준비할 것이 많기도 하고요. 그럴 땐 집에 있는 재료들로 간단하게 촉촉한 느낌의 모래를 만들어 줄 수 있어요. 밀가루에 오일을 한 컵 섞어주면 흩날리지 않으면서 보들보들한 촉감을 갖게 된답니다.

모래 놀이는 정해진 규칙이나 과정이 없기 때문에 아이의 생각을 다양하게 표현하고 자유롭게 시도해 볼 수 있는 좋은 놀이입니다. 창의력, 상상력을 키우게 되고 자연스럽게 과학적 원리를 습득하게 됩니다. 부모가 따로 알려주지 않아도 아이 스스로 만지고, 쌓고, 뿌려보기도 하면서 몰입을 경험하게 되고요. 부드러운 촉감이 아이에게 정서적인 안정감을 준다는 사실 또한 간과할 수 없겠지요.

하나

밀가루, 오일을 준비합니다.
오일을 섞는 이유는
밀가루가 날리는 것을 막기
위함이랍니다.

둘

밀가루 8컵에 오일 1컵을 넣어
반죽을 만듭니다.

셋

아이가 원하는 장난감을 이용해
자유롭게 모래 놀이를 합니다.
눈사람을 만들어보기도 하고, 그릇을
이용해 모래성을 쌓아보기도 하고,
포크레인과 덤프트럭으로 공사장
상황극도 하고, 모래 속에 장난감을
숨겨 찾는 놀이도 하고, 모래만 있으면
하루 내내 노는 것도 거뜬해요!

더 놀아볼까요?

놀이가 끝날 무렵 면봉을 주며 장난감에 묻은
모래를 털어보자고 제안해 보는 건 어떨까요?
아이가 집중한 모습을 보게 될 수도 있어요.

057

밀가루 반죽

12개월부터 | **놀잇감:** 밀가루, 오일, 물감, 찍기 틀, 포크 | **마음의 준비 :** ☀️☀️☀️☀️☀️
호기심 장전 : ★★★★★

조물조물 상상의 나래를 펼치며 소근육 발달도 할 수 있는 가장 좋은 놀잇감인 밀가루 반죽!

물론 시중에 파는 클레이를 가지고 놀 수도 있지만, 종종 이렇게 밀가루에 아이가 원하는 색상의 물감을 섞어 반죽을 만들어주면 아이가 좋아해요. 어떤 날에는 고래, 어떤 날에는 자동차 등을 만들며 놀기도 하고 온갖 쿠키 틀을 찍어대며 놀기도 한답니다.

하나

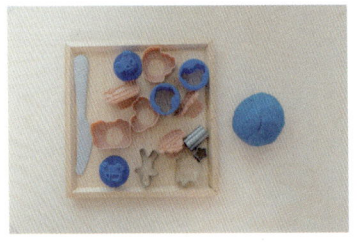

반죽을 만들기 위한 재료를 준비합니다. 물감과 찍기 틀, 유아용 칼이나 포크를 이용하면 더 좋아요.

둘

밀가루 1컵에 오일 2스푼, 물을 조금씩 넣어가며 반죽을 합니다. 아이가 원하는 색상의 물감을 넣어 예쁜 반죽을 만들어주세요.

셋

개월 수가 어린 아이라면 부모님이 만들어 제공하고 큰 아이라면 반죽 과정부터 함께하면 좋습니다.

넷

조물조물 탐색할 시간을 주고, 집에 있는 다양한 도구와 찍기 틀을 이용해 반죽을 가지고 놀게 해줍니다.

부모가 개입하지 않아도 아이는 무한한 상상의 세계를 펼치며 나름의 놀이를 이어 갈 거예요.

전분 놀이

| 18개월부터 | 놀잇감: 전분, 주방 도구, 그릇 | 마음의 준비 : ☀ ☀ ☀ ☀ ☀
호기심 장전 : ★ ★ ★ ★ ★ |

잡으면 뭉쳐지는 듯하다가 스르르 빠져나가는 촉감의 전분. 밀가루와는 또 다른 재미를 느낄 수 있어요. 피부는 뇌와 수많은 신경회로로 연결되어 있어서 서로 정보를 주고받으며 뇌 발달에 중요한 역할을 해요. 아기 때부터 다양한 재질의 물건을 만져보는 활동은 물체의 특성을 파악하며 뇌가 활발하게 움직이도록 도와줍니다.

가루에서부터 흐물거리는 반죽이 될 때까지 아이와 함께 물을 조금씩 부어가며 이야기를 나눠보면 좋아요. 아이가 커 갈수록 대화의 깊이가 달라져요. 말을 못 하는 아기 시절에는 신기한 촉감만으로도 흥미가 솟아나고, 아이가 자라서 어느 정도 대화가 가능해지면 형태가 변화는 과정을 묘사하며 훨씬 더 유익한 시간을 보낼 수 있습니다.

하나

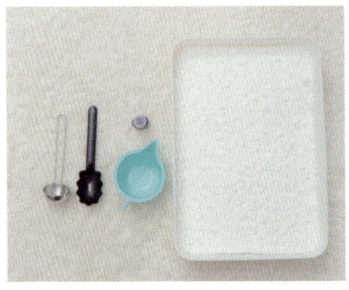

옥수수 전분이나 감자 전분을 준비합니다. 주방 도구, 그릇을 준비해 두면 아이가 다양한 놀이를 시도해 볼 수 있어요.

둘

물을 조금씩 부어가며 형태가 변하는 모습을 관찰하고 만져봅니다. 주르륵 흘러내리는 점도가 되었을 때 아이가 제일 재미있어합니다.

셋

아이의 손과 발에 반죽을 떨어뜨려 보기도 하고, 컵과 그릇에 가득 담아 쏟아보기도 하면서 신기한 촉감을 즐겨봅니다.

더 놀아볼까요?

놀이에 집중도가 떨어지려고 할 때 물감을 풀어주면 아이는 처음 놀이를 시작한 것처럼 흥미를 되찾습니다.

손으로 만지는 것도 촉감이 신기하지만, 발로 밟을 때의 느낌도 정말 재미있답니다.

059

빵가루 놀이

| 12개월부터 | 놀잇감: 빵가루, 물감, 장난감, 놀이 매트 | 마음의 준비 : ☀☀☀☀☀
호기심 장전 : ★★★★★ |

빵가루는 재질이 까끌까끌해서 특이한 편이라 촉감 놀이로 제격이에요. 밀가루와는 또 달라서 아이에게 색다른 즐거움을 줍니다. 이런 촉감 놀이를 할 때는 구체적인 규칙도, 제약도 없어야 아이가 제대로 즐길 수 있습니다. "매트 밖으로는 던지지 않는 거야." 이렇게 큰 틀에서 약속을 하나만 정하고, 그 안에서 자유롭게 놀게 해주어야 해요. 규칙이 없기 때문에 놀이는 부모가 생각했던 것과 다른 방향으로 흘러갈 수도 있어요. 아이 안에 있는 감정과 욕구가 표출되는 과정이니 잘 관찰해 두면 좋습니다.

하나

놀이 매트에 빵가루를 와르르- 쏟아요. 바깥으로 넘치지 않게 해줍니다.

둘

까칠까칠한 촉감을 느끼고 탐색합니다.

셋

물감을 섞으며 색깔의 가루로 놀아보세요.

넷

아이가 좋아하는 장난감을 활용해 상상의 세계를 펼치도록 해주세요.

더 놀아볼까요?

마지막에는 쓰레받기를 이용해 여기저기 흩어진 빵가루를 한곳에 모으는 놀이를 해보세요. 가루를 치우면서 마지막까지 흥미로운 놀이 시간을 보낼 수 있습니다.

12

포스트잇으로 놀아요

포스트잇 떼기

18개월부터 | 놀잇감: 포스트잇

마음의 준비 : ☼ ☼ ☼
호기심 장전 : ★ ★ ★ ★ ☆

벽에 포스트잇을 빼곡하게 붙이고 아이만의 방식으로 떼어내는 놀이예요. 아이는 양손으로 벽을 쓸어가며 열정적으로 포스트잇을 떼어내고, 그 과정에서 스트레스를 풀 수 있어요. 포스트잇이 낙엽처럼 후두두 떨어지는 걸 보는 저 역시도 스트레스가 풀리더라고요. 떨어진 포스트잇을 다시 커튼에 붙여서 떼어보고, 양말을 던져 떼어보기도 합니다. 포스트잇 하나를 가지고도 이렇게나 다양한 놀이를 할 수 있답니다.

더 놀아볼까요?

커튼에 붙은 포스트잇을 뗄 때는 어떤 점이
다른지 탐색해 봅니다.
양말을 던져 떨어뜨리는 것도 재미있어요!
엄마, 아빠와 함께 대결하면 성취욕을
불러일으킬 수 있습니다.

061

사자 갈기 만들기

| 12개월부터 | 놀잇감: 포스트잇, 연습장, 펜 | 마음의 준비 : ☀☀☀☀☀
호기심 장전 : ★★★★☆ |

포스트잇 떼는 걸 무척 좋아하는 아이에게 사자 갈기를 만들어주자고 제안했어요. 사자가 알록달록 멋진 갈기를 갖고 싶어 하는데 도와줄 수 있냐고 부탁했지요. "여기~ 여기도! 수염도~ 초록색 안경도~" 조잘조잘 대며 사자의 멋진 갈기를 만들어주었어요. 아이가 열심히 갈기를 붙여 완성한 사자 얼굴을 아이 방의 벽에 액자처럼 걸어두면 아이가 오가며 흐뭇해하는 걸 보게 되실 거예요.

포스트잇은 돌 전부터 유용하게 활용할 수 있어요. 무엇이든 만져보고 떼보고 싶어 하는 시기에 포스트잇을 쥐여주면 시간 가는 줄 모르게 집중해서 하나씩 떼어내거든요. 소근육 발달을 위해 거창한 놀이를 해주지 않아도 괜찮아요. 이런 작은 놀잇감만으로도 아이는 스스로 자신의 신체 능력을 발전시킨답니다.

하나

사자 얼굴의 밑그림을 그리면서 사자 흉내도 내보고, 사자에 대한 흥미로운 이야기를 해줘요.

둘

"사자가 멋진 갈기를 갖고 싶대. 도와줄 수 있어?"

셋

한두 번 시범을 보여주면 금세 따라 해요. 갈기를 완성해 가는 과정에서 성취감도 느끼고요.

포스트잇으로 놀아요

13 책으로 놀아요

062

도미노 게임

18개월부터 | 놀잇감: 하드 커버 책

마음의 준비 : ☀ ☀ ☀ ☀ ☀
호기심 장전 : ★ ★ ★ ★ ☆

아이와 함께 도미노를 쌓는 건 생각보다 인내심이 필요합니다. 아이는 책을 세우자마자 쓰러트리고 싶어 하거든요. 아이에게도 인내심을 길러줄 기회가 될 수 있습니다. 도착 지점을 정하고 마지막까지 넘어트리지 않고 참을 수 있도록 격려해 주세요. 도미노를 다 세운 후 와르르 쓰러트릴 때 쾌감과 성취감을 느낄 수 있습니다. 책을 하나씩 정교하게 세우면서 대-소근육 발달도 이루어지겠지요. 완성되기 전에 아이가 자꾸만 책을 쓰러트린다고 해도 화를 내지 마세요. 중요한 건 도미노를 완성하는 게 아니라 아이가 놀이를 즐기며 재미있다고 생각하는 거니까요. 아이에게 "여기 책을 세워야 하는데 도와주세요~"라고 말하는 것도 도움이 됩니다. 아이는 도와주는 걸 좋아해요.

더 놀아볼까요?

도미노를 끝까지 세우는 게 어렵다면
책을 군데군데 무작위로 세워보세요.
아이는 발차기를 하며 쓰러트리기도 하고,
장난감을 가져와 밀어서 넘어트리기도 해요.
어떤 식으로든 아이가 즐길 수 있다면
좋은 놀이겠죠?

책 미끄럼틀

12개월부터 | **놀잇감: 책, 장난감 자동차** | 마음의 준비 : ☀️☀️☀️☀️
호기심 장전 : ★★★★★

병풍처럼 길게 펼쳐지는 책을 이용해 작은 미끄럼틀을 만들면 공, 인형, 자동차를 굴려보며 재미있는 시간을 보낼 수 있어요. 돌쯤부터 이 놀이를 시작하면 좋아요. 아이가 두 돌쯤 되면 스스로 미끄럼틀을 만들어 자동차를 굴리며 놀 수도 있습니다. 업그레이드 버전으로 미끄럼틀 끝에 종이컵 탑을 쌓아 무너뜨리거나 블록으로 터널을 만들어보는 것도 좋습니다.

── 하나 ──

책을 쌓고 병풍 같은 책을 올려 미끄럼틀을 만듭니다.

── 둘 ──

공, 작은 인형, 자동차를 굴려봅니다.

── 셋 ──

누구의 자동차가 더 빨리 가는지 시합해 보세요.

더 놀아볼까요?

미끄럼틀 끝에 종이컵 탑을 쌓아 자동차로 무너뜨려 보세요. 아이가 더 즐거워해요.

14

이불로 놀아요

이불 기차

12개월부터 | 놀잇감: 이불

마음의 준비 : ☀☀☀☀☀
호기심 장전 : ★★★★☆

이불 위에 아이가 좋아하는 장난감들을 모두 태우고 거실 여행을 떠나볼까요? 청소를 위해 매트를 걷는 날이면 귀신같이 알고 이불을 펴서 눕곤 하는데요. 대청소를 하는 날이면 어김없이 아이의 친구들을 태운 이불 기차가 운행됩니다.

몸의 흔들림을 느낄 수 있는 그네, 트램펄린 같은 놀이기구를 타도 좋지만 집에서 이렇게 이불 하나로 간단하게 아이의 운동 감각을 자극할 수 있어요. 강한 자극을 거부하는 아이라면 살살 태워주세요.

065

이불 해먹

12개월부터 | 놀잇감: 이불

마음의 준비 : ☼☼☼☼☼
호기심 장전 : ★★★★★

유독 흔들림을 좋아하는 아이들이 있어요. 기어오르기, 뛰기, 점프하는 신체 동작은 전정기관에 자극을 주게 되는데, 몸의 평형 감각을 담당하는 전정기관에 충분한 자극을 받으면 기분이 좋아지고 주의를 집중할 수 있게 돼요. 엄마와 아빠가 이불 양 끝을 잡고 아이를 태워 살살 들어 올려서 흔들흔들 하면 "또! 또 해주세요!" 하는 아이의 기분 좋은 외침을 들을 수 있답니다.

김밥 말이

12개월부터 | 놀잇감: 이불

마음의 준비 : ☀️☀️☀️
호기심 장전 : ★★★★

어릴 적 아빠가 저에게 자주 해주시던 놀이를 이제는 내 아이에게 해주고 있어요. 이불로 돌돌 말아 간질간질 간지럽히면 세상에서 가장 해맑은 아이의 웃음소리를 들을 수 있지요. 이불로 돌돌 말아 이불 끝을 잡고 훅 끌어올리면 아이가 데굴데굴 굴러 나와요. 어린 개월 수의 아이라면 꼭 푹신한 놀이 매트 위에서 살살 굴려줘야 해요. 아직은 근육을 자유자재로 제어할 수 없어 조심스레 놀아주어야 합니다.

067

이불 유령

18개월부터 | 놀잇감: 이불

마음의 준비 : ☀ ☀ ☀ ☀ ☀
호기심 장전 : ★ ★ ★ ★ ★

그림책에서 우스꽝스러운 유령이 나오면 깔깔 웃으며 좋아하는 아이를 위해 종종 이불 유령으로 변신해 나타납니다.

"나는 간지럼 이불 유령이다~" 그러면 아이는 도망을 치는 척하며 기꺼이 간지럼 공격을 받아주지요. 이불을 뒤집어쓴 아이 주위에서 손뼉을 치며 주변의 소리를 이용해 찾도록 해볼 수도 있어요. 아기 때는 앞이 보이지 않는 것을 두려워했는데, 시간이 지날수록 보이지 않아도 소리만으로 엄마를 찾아내는 능력이 발전하더군요. 엄마가 유령놀이를 슬쩍 시작하면, "이제 내가 유령 할게. 엄마 도망가!", "이제 엄마가 유령 해." 하며 아이 스스로 역할을 정하며 놀아요. 스스로 주도하며 놀이를 이끌어갈 수 있게 되었어요.

15 테이프로 놀아요

068

끈적끈적 거미줄

12개월부터 | **놀잇감: 테이프, 곤충 피규어** | 마음의 준비 : ☀☀☀
호기심 장전 : ★★★★☆

테이프를 이용해 거미줄을 만들고, 거미와 곤충 장난감을 이용해 재미있는 놀이를 할 수 있어요. 거미가 집을 짓는 흉내를 내며 아이를 놀이에 초대하고, "거미가 줄을 타고 올라갑니다~"와 같은 거미 동요를 부르며 흥미를 끌어올릴 수 있어요. 거미가 어떻게 먹이를 잡아먹는지 직접 보여줄 수도 있고요. 끈적끈적한 거미줄에 양말, 작은 공 등을 던져서 붙이는 것도 재미있답니다.

하나

테이프를 이용해 거미줄을 만듭니다.
종이 재질이면 더 좋아요.

둘

끈적한 거미줄에 곤충 장난감을
붙이며 놀아요.

셋

양말이나 공을 던져 붙여요.
"거미가 양말도 잡아 먹으려나 봐!"

더 놀아볼까요?

거미줄을 통과하며 신체 놀이를 해요.
테이프가 몸에 닿지 않아야 한다는
작은 미션을 주어도 좋아요.

069

간식 보물찾기

24개월부터 | **놀잇감**: 마스킹 테이프, 간식

마음의 준비 : ☀️☀️
호기심 장전 : ★★★★☆

어린이집 하원 시간이나 낮잠을 잔 후에 하면 더 좋은 보물찾기 놀이입니다. 매일 먹는 간식이지만 놀이를 통해 아이의 기쁨을 한층 더 업그레이드 시켜줄 수 있어요. 마스킹 테이프로 바닥에 꼬불꼬불하게 길을 만들어 화살표로 방향을 표시하고, 길의 끝에 아이가 좋아하는 간식을 숨겨보세요. 길을 따라가면서 아이의 균형 감각과 대근육이 발달하고, 지시를 이해하는 능력을 기를 수 있습니다. 아이가 커 갈수록 길의 난이도를 점차 어렵게 만들면 좋습니다.

하나

바닥에 마스킹 테이프를 붙여
길을 만듭니다.

둘

현관문을 들어선 아이에게
길을 쭉 따라가면 맛있는 간식을
찾을 수 있다고 말해주세요. 아이는
반짝거리는 얼굴로 길을 따라갑니다.

셋

아이의 발걸음에 신남이 가득합니다.

넷

"찾았다!" 마침내 간식을
찾아낸 아이에겐 성취감이 생깁니다.

맛있고 행복한 간식 시간을 만들어보세요!

테이프로 놀아요 295

자동차 도로 만들기

12개월부터 | 놀잇감: 테이프, 장난감 자동차

마음의 준비 : ☀☀☀☀☀
호기심 장전 : ★★★★★

마스킹 테이프나 전기 테이프를 이용하면 정말 다양한 놀이를 할 수 있습니다. 그중 대표적인 게 바로 자동차 도로와 주차장을 만드는 거예요. 요즘엔 도로 모양의 테이프도 판매되고 있으니 더 편리해졌어요. 거실 한쪽에 아이와 함께 테이프를 이용해 아이만의 작은 빌리지를 건설해 보는 건 어떨까요? 자동차에 관심이 없는 아이들도 도로 사이사이에 숲과 집, 공원을 만들며 행복한 시간을 보낼 수 있을 거예요.

하나

마스킹 테이프나 전기 테이프 등
쉽게 뗄 수 있는 테이프로
도로와 주차장을 만들어요.

둘

아이가 자유롭게 자동차, 인형 등을
이용해 상상 놀이를 할 수 있게
해주세요.

셋

블록을 이용해 도로 중간에 아파트,
소방서, 경찰서, 공원 등을 만들면
수십 가지 상황의 상상 놀이를 하며
즐거운 시간을 보낼 수 있답니다.

16

종이컵으로 놀아요

071

종이컵 골대

18개월부터 | 놀잇감: 종이컵, 테이프, 공, 구슬 혹은 클레이 | 마음의 준비: ☀☀☀
호기심 장전: ★★★★☆

유아용 책상 한쪽에 종이컵 여러 개를 붙이면 멋진 골대가 완성됩니다. 구슬 또는 클레이로 작은 공을 만들어 책상 끝에서 굴리면 종이컵 안으로 쏙 들어가지요. 공을 통 안에 넣기 위해 엄청난 집중력을 보여주는데 이런 과정을 통해 손과 눈의 협응력, 근육의 조절 능력이 발달하게 됩니다. 자동차를 좋아하는 아이라면 미니카를 굴리는 것도 좋아요. 엄마, 아빠와 누가 더 많이 넣나 내기를 하면 더 재미있을 거예요.

하나

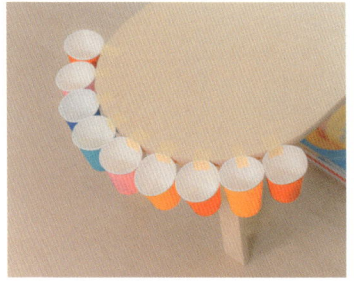

책상 끝에 종이컵 여러 개를 붙입니다.

둘

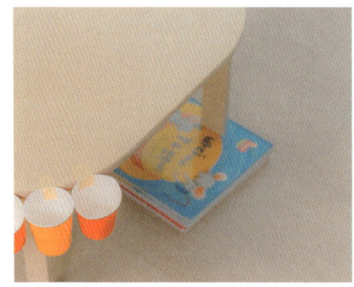

책상이 약간 기울어지도록
출발 지점의 한쪽 다리 밑에
책을 깔아주세요.

셋

공을 굴리면 데굴데굴 굴러
종이컵 안으로 쏙 들어가요.

종이컵으로 놀아요

072

종이컵 쌓기

12개월부터 | 놀잇감: 종이컵 | 마음의 준비 : ☼ ☼ ☼ ☼ ☼
호기심 장전 : ★ ★ ★ ★ ☆

종이컵이 쓰러지지 않도록 쌓는 과정은 눈과 손의 협응력 발달과 소근육 발달에 도움이 됩니다. 집중력은 물론이지요! 월령이 낮은 아이들은 무너뜨리는 걸 가장 좋아하고, 두 돌쯤이 되면 높이 쌓는 재미에 푹 빠지게 됩니다. 성벽, 타워 등 아이와 멋진 구조물을 만들고 부숴보며 즐거운 시간을 보낼 수 있습니다.

하나

종이컵을 차곡차곡 쌓아요.

둘

주의할 점은 아이의 키와 눈높이에 맞게 쌓아야 하는 것입니다.

셋

하나, 둘, 셋!
와르르 무너뜨리며
스트레스를 날립니다.

종이컵으로 놀아요 309

073

징검다리

| 15개월부터 | 놀잇감: 종이컵, 책, 장난감 자동차 | 마음의 준비 : ☀ ☀ ☀ ☀
호기심 장전 : ★ ★ ★ ★ ★ |

종이컵 위에 책을 올려 멋진 징검다리를 만들 수 있어요. 아이는 다리가 혹시나 무너질까 한 발 한 발 조심스럽게 건너게 되는데, 이 과정을 통해 집중력, 신체 조절 능력, 균형 감각을 기를 수 있답니다. 종이컵 두 개로만 책을 받쳤을 때는 아이가 올라가면 힘없이 무너지지만 종이컵이 네 개, 다섯 개, 여섯 개가 되면 점점 더 튼튼해지죠. 2~4세쯤의 아이들은 온몸으로 힘의 분산을 경험하게 됩니다. 5세 이후의 아이들에겐 과학적 원리를 쉽게 설명해줄 아주 좋은 기회가 될 거예요.

하나

종이컵 위에 책을 올려 길을 만듭니다.

둘

장난감 자동차 등으로 먼저 길을 탐색합니다.

셋

조심스럽게 올라가 길을 따라 걸어봅니다.

종이컵으로 놀아요

그물 통과하기

24개월부터 | 놀잇감: 종이컵, 테이프

마음의 준비 : ☀ ☀ ☀
호기심 장전 : ★ ★ ★ ★ ★

장애물을 피하는 놀이는 높은 집중력이 필요합니다. 아직 몸을 자유자재로 조절할 수 없는 아이에게 장애물 피하기는 도전적인 일이 될 수 있습니다. 그만큼 희열과 성취감도 크겠지요. 놀이에 흥미를 더하기 위해 약간의 연출도 필요해요. "꺄~ 거미줄이다! 거미줄에 걸리면 거미가 잡아먹는대! 줄에 걸리지 않고 탈출해 보자!" 그러면 아이는 거미에게 잡아먹히지 않기 위해 요리조리 그물을 피해가겠죠?

하나

종이컵을 엎어서 테이프를 붙입니다.

둘

종이컵을 일정한 간격으로 세우고
사이사이가 잘 연결되었는지
체크하세요. 그물처럼 만들면 됩니다.

셋

테이프에 발이 걸리지 않게
조심조심 그물을 통과합니다.

종이컵으로 놀아요

075

종이컵 저울

| 24개월부터 | 놀잇감: 종이컵, 옷걸이, 끈, 테이프, 작은 장난감들 | 마음의 준비 : ☀ ☀ ☀
호기심 장전 : ★ ★ ★ ★ ★ |

간단하면서도 구체적으로 사물의 무게를 비교할 수 있는 좋은 놀이입니다. 아이들은 아직 추상적인 사고 능력이 없기 때문에, 특히 수 개념을 알려줄 때는 구체적으로 가르쳐주어야 합니다. 수를 셀 때도 그렇고, 크기나 길이를 비교할 때도 마찬가지죠. 일상 속에서 경험하는 현상들이 아이의 수학적 사고 능력에 큰 영향을 주게 됩니다.

"이 장난감이 더 무거워서 이쪽으로 더 기울어졌네?" 이렇게 언어적 자극을 주는 것도 잊지 말아야겠죠?

하나

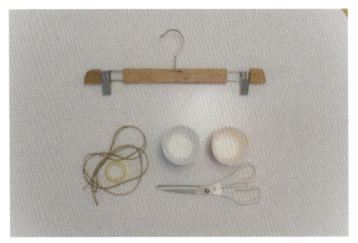

재료를 준비합니다.
옷걸이 대신 바지 걸이도 좋아요.

둘

테이프를 이용해
종이컵 양 끝에 끈을 붙입니다.

셋

종이컵 끈을 옷걸이에 걸어줍니다.
방문 손잡이나 빨래 건조대 등을
활용합니다.

넷

"어느 것이 더 무거울까?"
양쪽 종이컵에 사물을 담고
비교해 봅니다.

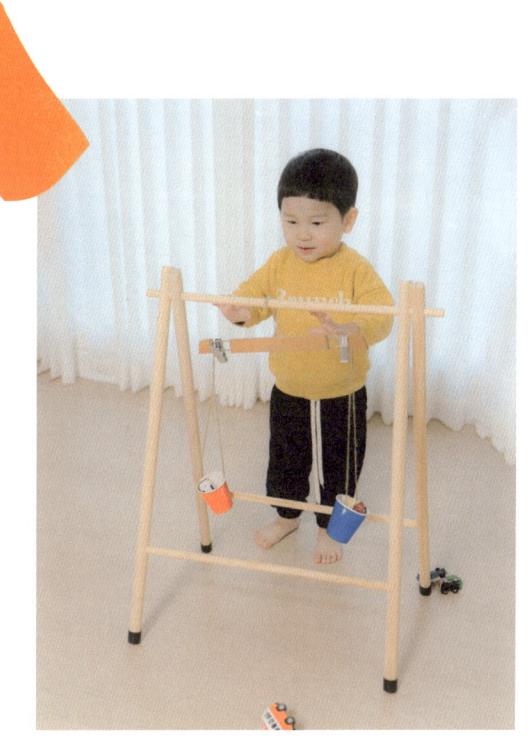
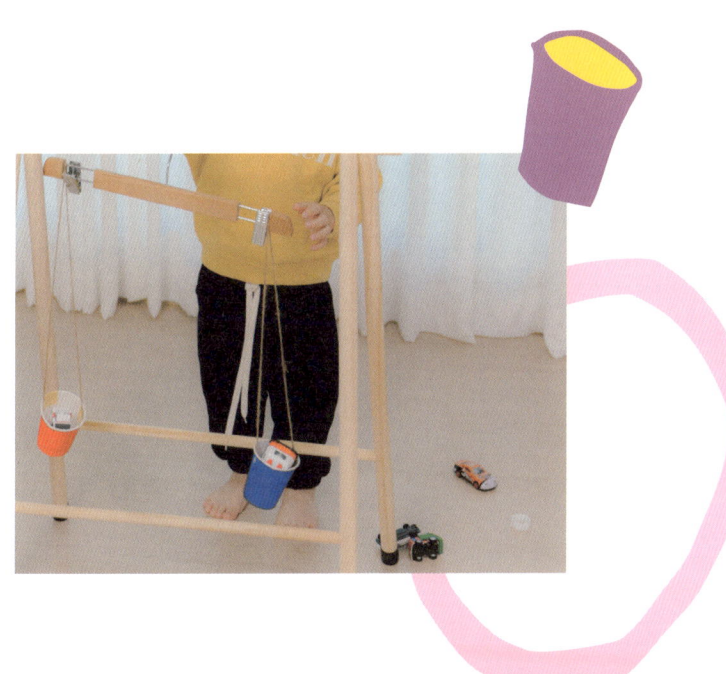

종이컵으로 놀아요 321

17

자연과 놀아요

076

채소 심기

| 24개월부터 | 놀잇감: 화분, 흙, 각종 뿌리채소, 채소 씨앗, 삽, 분무기 | 마음의 준비 : ☀️☀️☀️☆☆
호기심 장전 : ★★★☆☆ |

당근, 고구마, 감자, 채소가 나오는 자연관찰 책을 한참 읽던 아이가 저에게 물었어요. "엄마, 고구마는 땅 속에 있어~?" 책에서 본 걸 직접 하게 해줘야겠다 싶었지요. 당장 고구마 밭에 갈 수는 없으니 우선 **흙을 사오고**, 책에 나온 것처럼 고구마를 흙 속에 심었다 뺐다 하며 한참을 놀았답니다.

흙은 아이에게 자연 친화적인 놀잇감이에요. 다양한 미생물을 접할 수 있도록 **흙**을 충분히 밟고 만지며 놀게 해주고 싶은데 우리의 주거 환경에서는 조금 힘든 일이지요. 인터넷이나 동네 화원, 다X소 등에서 손쉽게 흙을 구할 수 있어요. 아이와 베란다에서 작은 텃밭을 만들어보는 건 어떨까요? 매일 분무기로 물을 주며 새싹을 기다리고, 하루하루 커가는 모습을 함께 관찰하는 값진 경험이 될 거예요.

하나

화분에 흙을 채워줍니다.

둘

손과 삽으로 흙을 충분히 탐색하게 해줍니다.

셋

흙 속에 고구마와 감자, 당근을 심으며 책에서 봤던 내용을 이야기 해줍니다.

넷

"고구마야 쑥쑥 자라라~"
물을 뿌리고 바로 수확하고, 또 심고 다시 수확하며 도돌이표 놀이를 마음껏 즐기도록 해줍니다.

더 놀아볼까요?

상추 씨앗을 심어 매일 아침 분무기로 물을 주게 하는 것도 재미있겠죠?

대파 뿌리 부분을 잘라 심으면 매일 조금씩 자라나요. 아이가 신기해하며 물을 더욱 적극적으로 줍니다.

077

우리 집 나무 만들기

| 18개월부터 | 놀잇감: 나뭇잎, 전지, 양면테이프 | 마음의 준비 : ☼☼☼☼☼
호기심 장전 : ★★★★★ |

동네 산책 길에서 하나씩 주워 온 나뭇잎으로 아이만의 특별한 나무를 만들어보는 건 어떨까요? 봄에는 꽃잎으로, 여름에는 초록색이 가득한 나뭇잎으로, 가을에는 낙엽으로, 겨울에는 솜 뭉치로 멋진 나무를 표현할 수 있습니다. 네 번의 계절이 지나가는 동안 나무에 어떤 변화가 생기는지 이야기를 나누는 좋은 기회가 될 거예요. 이렇게 나무를 만들어 보면 아이가 산책 길에서 나무를 볼 때 조금 더 심도 있게 관찰하게 되는 계기가 될 수 있어요.

하나

전지에 나무 밑그림을 그린 후
양면테이프를 붙입니다.

둘

나뭇잎을 관찰하고 하나씩 붙여
나무를 꾸며줍니다.

셋

아이와 함께 만든 나무를 보며
이야기를 나눠요.

자연과 놀아요 331

나뭇잎 케이크

18개월부터 | 놀잇감: 점토, 나뭇잎, 그릇

마음의 준비 : ☀☀☀☀☀
호기심 장전 : ★★★★★

"생일 축하합니다~ 생일 축하합니다~"
생일 축하 노래를 부르고 초를 끄는 건 모든 아이들에게 즐거운 놀이입니다. 아직 어려서 생일의 개념을 완전히 이해하지 못하는 아이라도 자신을 위한 특별한 날이라는 건 느끼고 있어요. 평범하게 지나갈 하루를 아이와 케이크를 만들어 파티를 하며 조금 더 특별하게 만들어보세요. 점토로 조물조물, 나뭇잎으로 장식을 하며 소근육 발달은 물론 창의력과 상상력을 키울 수 있습니다.

하나

산책하며 주워온 나뭇잎, 그리고 점토를 준비합니다.

둘

그릇을 엎어놓고 점토로 덮어 케이크 형태를 만들어주세요. 점토를 만지며 정서적 안정감도 얻을 수 있어요.

셋

나뭇잎으로 자유롭게 케이크를 장식합니다.

넷

생일축하 노래를 부르고, 초를 끄고, 냠냠 먹는 흉내를 내며 즐겁게 놀아요.

더 놀아볼까요?

생일파티에 고깔모자가 빠지면 섭섭하죠. 종이를 길게 잘라 나뭇잎을 붙여 나뭇잎 왕관을 만들어보세요. 나뭇잎 생일파티에 딱 맞아요.

18

사진으로 놀아요

079

추억 여행

18개월부터 | **놀잇감: 인화 사진, 가족 앨범** | 마음의 준비 : ★★☆☆☆
| | | 호기심 장전 : ★★★★☆

아이들은 자신의 모습을 사진이나 영상으로 보는 것을 아주 좋아합니다. 아이의 성장 과정을 앨범으로 만들어주면 좋겠지만, 시간적 여유가 없다면 가끔은 사진을 인화해서 창문에 붙여보세요. 즐거운 기억을 되살려보고, 아이는 자기가 주인공인 사진을 보면서 재잘대며 이야기를 만들어냅니다. 만 3세 이전의 아이들은 특별한 사건보다는 일상적인 일을 더 잘 기억하는 경향이 있는데, 이렇게 특별한 순간들을 사진으로 자주 보고 대화하다 보면 과거를 더 잘 기억해 냅니다. 아이를 무릎에 앉히고 추억 여행을 떠나보세요. 새삼스럽지만 아이와의 시간들이 감사하게 느껴지고, 아이를 안고 있는 지금 이 순간이 더욱 소중해집니다. 아이도 즐겁고 엄마, 아빠도 더 행복해지는 시간이 될 거예요.

하나

인화한 사진들을
벽이나 창문에 붙입니다.

둘

사진을 보며 어디에 갔었는지,
뭘 했는지 질문하고 이야기를
나눕니다. 아이가 모르는 장소나
단어는 짚어주면 좋아요.

셋

아이가 얼마나 많은 사랑을
받으며 자라고 있는지
충분히 느끼게 해주세요.

사진으로 놀아요

동물 흉내 내기

12개월부터 | **놀잇감: 동물 카드 혹은 동물 사진**

마음의 준비 : ☀️☀️
호기심 장전 : ★★★★★

한창 동물에 관심이 생기는 아기 때부터 클 때까지 즐길 수 있는 놀이입니다. 아이의 연령에 따라 다양하게 변형해서 놀 수 있어요. 엄마, 아빠가 동물 흉내를 내서 아이가 맞춰보게 할 수도 있고, 반대로 아이가 흉내 내는 동물을 엄마와 아빠가 맞춰볼 수 있습니다. 네 식구라면 짝을 지어 대결해도 좋아요.

동물 흉내를 내려면 아이가 동물의 모습을 관찰하고, 특징을 파악할 수 있어야 합니다. 소리와 행동으로 동물을 표현하면서 동물의 이해가 더 깊어지고, 표현력도 발달하게 됩니다.

하나

동물 카드를 보고 동물 흉내를 내는 시범을 보여줍니다. 동물 그림책 혹은 동물 사진을 프린트해서 써도 좋아요.

둘

아이에게 동물 흉내를 내어보게 합니다.

셋

아이가 동물 흉내를 어려워한다면 힌트를 주세요.
"개구리는 어떻게 점프하지?"
"개구리는 어떤 소리를 낼까~?"
온 가족이 다 함께 동물 흉내를 내며 알찬 시간을 만들어보세요.

사진으로 놀아요

19

집게로 놀아요

081

집게로 분류하기

18개월부터 | **놀잇감: 집게, 그릇, 다양한 장난감** | 마음의 준비 : ☀ ☀ ☀
호기심 장전 : ★ ★ ★ ★ ★

집게를 사용하는 건 아이에겐 큰 도전이 될 수 있습니다. 팔과 손, 손가락의 근육을 잘 사용할 줄 알아야 하고, 눈과 손의 협응력 또한 발달해야 집게 사용을 제대로 할 수 있지요. 집게 사용이 익숙해지면 물건을 집고 떨어뜨리는 데 흥미를 느끼게 돼요. 그럴 때 조금 더 놀이를 발전시켜서 분류하는 놀이를 해볼 수 있습니다. 방법은 여러 가지에요. 빨간색, 노란색 등 색깔별로 분류할 수도 있고, 양말, 과일, 공 등 물건을 종류별로 분류할 수도 있겠죠. 개수를 세어 가며 하면 수 개념까지 익히기에 아주 좋습니다.

하나

양말, 과일, 구슬 블록 등 여러 종류의
장난감을 준비해 주세요.

둘

"과일은 과일끼리~
양말은 양말끼리~",
"양말 하나~ 양말 둘~"
집게로 물건들을 하나씩 분류해요.

082

바비큐 놀이

24개월부터 | 놀잇감: 불판, 집게, 가위, 클레이, 채소 모형 | 마음의 준비 : ☀ ☀ ☀
호기심 장전 : ★★★★★

18개월이 지나면서 아이들은 점차 상징적 사고 능력이 발달하고 여러 가지 역할 놀이를 할 수 있게 돼요. 엄마나 아빠, 혹은 선생님 역할을 하는 것이지요. 이런 역할 놀이는 발달에 있어 아주 중요합니다. 언어 발달이 촉진되는 것은 물론, 속에 있는 욕구를 표출하며 정서적으로 안정감을 느끼는 것이지요. 다른 사람의 마음과 생각을 이해하는 능력도 기르게 됩니다. 자신의 주변과 세상에 대한 관심과 이해의 폭을 넓히고 자기중심적인 관점에서 벗어나는 경험을 할 수 있고요.

역할 놀이는 아이가 흥미를 느끼는 주제면 더욱더 좋습니다. 캠핑 가는 걸 좋아하는 제 아이에게 불판과 집게를 줬더니 시간 가는 줄 모르고 고기를 구워주더군요. "이거 뜨거우니까 호~ 불어서 먹어야 해!" 주의를 주는 것도 꼭 부모의 모습과 닮았습니다. 클레이로 모형을 만들고, 집게와 가위를 쓰며 도구를 사용하는 능력과 소근육을 발달시킬 수 있습니다.

하나

불판과 집게, 가위, 장난감 채소 모형, 클레이를 준비합니다. 가위질이 서툴다면 유아용 가위를 준비합니다.

둘

클레이를 이용해 삼겹살, 소시지를 만들어보세요. 흰색과 빨간색 클레이를 겹쳐 여러 번 접으면 삼겹살 무늬가 나옵니다.

셋

"너무 배가 고프네. 고기 맛있게 구워주세요~", "어라, 고기가 타겠어~ 집게로 뒤집어주자." 고깃집에서의 상황을 그대로 연출해 보세요.

넷

엄마, 아빠가 고기 구울 때 하는 것처럼 고기를 자르게 해주세요. 클레이를 자르는 느낌은 종이와는 또 다른 재미가 있습니다.

쉽게모 놀아요

빨래집게 동물

| 18개월부터 | 놀잇감: 빨래집게, 두꺼운 종이, 색종이, 가위, 펜, 풀 | 마음의 준비 : ☀☀☀☀☀
호기심 장전 : ★★★★★ |

어느 집에나 다 있는 빨래집게는 소근육, 손과 눈의 협응력 발달에 좋은 훌륭한 놀이 재료입니다. 규칙 없이 아이 스스로 자유롭게 놀게 놔두면 깜짝 놀랄 만큼 다양하게 응용하는 걸 보게 됩니다. 어느 정도 빨래집게 사용에 익숙해졌다면 많은 놀이에 활용할 수 있습니다. 빨래 널기 놀이를 할 수도 있고, 빨래집게끼리 연결해 나무나 뱀으로 표현할 수도 있고요. 아이가 관심 있는 동물을 빨래집게를 이용하는 놀이는 수 개념 인지에도 도움이 됩니다. "오징어 다리는 몇 개지~?", "코끼리 코는~?" 물어보며 집게로 표현할 수 있지요. 밑그림을 그려 오리기만 하면 준비 완료입니다. 그림을 못 그린다고 좌절하지 마세요. 아이와 재미있게 놀기 위한 것이지, 전시회에 출품하는 게 아니니까요!

하나

빨래집게의 무게를 견디기 위해서는 우유 팩이나, 쇼핑백처럼 약간 두꺼운 종이를 사용하는 게 좋습니다.

둘

종이 위에 색종이를 붙이고 밑그림을 그려 오립니다.

셋

"오징어 다리가 없어져 버렸대! 다리를 만들어주자."
"오징어 다리가 몇 개였더라?"
아이의 참여를 유도합니다.

넷

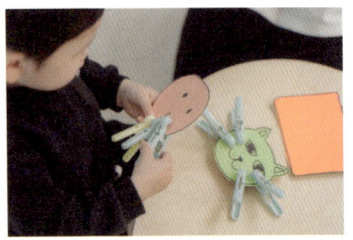

빨래집게로 동물을 표현해 봅니다.

집게로 놀아요 359

20 음식으로 놀아요

온 가족 오이 팩

24개월부터 | **놀잇감: 오이**

마음의 준비 : ☀☀☀ ☀ ☀
호기심 장전 : ★★★★ ★

바깥 놀이를 신나게 하고 돌아와 얼굴이 달아올랐다면, 냉장고에서 오이를 꺼내 아이와 함께 피부 관리 시간을 가져보는 건 어떠세요? 차가운 오이의 촉감이 얼굴이 닿을 때마다 "앗, 차가워!" 하며 웃음 짓는 아이의 소리와 오이 향으로 가득한 집의 풍경을 상상해 보세요. 오이의 겉을 만지며 까칠한 촉감을 탐색하고, 상큼한 오이 향을 맡아 보고, 엄마와 아빠의 얼굴에 하나씩 붙여주며 식재료와 조금 더 친해지는 계기가 되어줍니다.

하나

오이의 촉감과 향을 느껴보고 살짝 썰어서 맛도 보는 탐색 시간을 가집니다. 이후 오이를 얇게 썰어줍니다.

둘

엄마와 아빠의 얼굴에 붙여봅니다.

셋

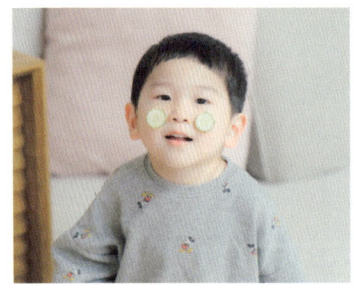

자신의 얼굴에도 하나씩 붙이며 차가운 오이의 촉감을 느끼게 해주세요.

음식으로 놀아요 365

085

뻥튀기 격파

18개월부터 | **놀잇감: 뻥튀기** | 마음의 준비 : ☀☀☀☀
호기심 장전 : ★★★★★

아이들도 어른들처럼 스트레스가 쌓이기 마련이지만 스트레스를 해소할 방법을 찾지 못하는 경우가 있어요. 그럴 땐 속 시원하게 해줄 수 있는 환경을 만들어주면 좋겠죠. 아이들이 너무나 좋아하는 뻥튀기 간식. 먹기 전에 손으로, 발로 격파하는 거예요. 아이는 자기의 힘으로 격파를 하고 뿌듯한 마음, 성취감을 느끼게 됩니다. 달콤한 성취감을 느낀 뒤에 맛보는 진짜 달콤한 뻥튀기의 맛. 간식을 먹을 때에도 이렇게 놀이를 통해 더 즐거운 기억을 심어줄 수 있답니다.

― 하나 ―

"태! 권! 도! 힘을 세게 해서 격파해 볼까?"

― 둘 ―

주먹으로 빠샤! 발차기 빠샤!

― 셋 ―

격파한 뻥튀기를 맛있게 먹어요.

더 놀아볼까요?

뻥튀기에 얼굴 모양으로 구멍을 뚫어서
가면 놀이를 하는 것도 재미있죠. 어린 시절
추억의 놀이기도 합니다.

콩 옮기기

12개월부터 | 놀잇감: 콩, 그릇, 숟가락

마음의 준비 : ☀☀☀☀
호기심 장전 : ★★★★☆

콩과 그릇만 있다면 30분도 거뜬한 놀이입니다. 특별한 놀이법을 알려주지 않아도 아이는 자신만의 방법으로 콩을 탐색합니다. 그릇 두 개를 주면 이 그릇에서 저 그릇으로 콩을 옮기며 놀고, 숟가락을 주면서 시범을 보이면 숟가락으로 콩을 떠서 옮기며 놀아요. 콩을 옮기는 활동은 눈과 손의 협응력과 소근육 조절 능력을 길러주고 집중력을 향상시킵니다. 옮기는 게 쉽지 않지만 성공의 경험을 쌓으며 아이는 자존감을 기르게 됩니다. 아이의 소근육이 많이 발달했다면 유아용 젓가락을 사용해 볼 수 있고, 충분히 연습이 되었다면 일반 젓가락으로 시도해 보세요.

087

달걀 껍데기 깨기

| 18개월부터 | 놀잇감: 달걀 껍데기, 국자, 큰 비닐 | 마음의 준비 : ☀️☀️☀️☀️☀️
호기심 장전 : ★★★★★ |

'집콕 놀이' 하면 빠질 수 없는 달걀 껍데기 깨기 놀이입니다. 달걀을 좋아하는 집이라면 단 며칠만 모아도 충분한 양의 껍데기를 모을 수 있습니다. 저는 놀이를 할 때 아이가 얼마나 즐거워할지를 가장 신경 쓰는데, 이 달걀 깨기 놀이는 아이가 단 한 번도 지루해한 적이 없어요. 국자로 내려치기도 하고, 잘게 부서진 조각을 조심스럽게 만지며 촉감도 확인하지요. 두 돌이 되기 전에는 껍데기 조각이 혹시나 날카롭지 않을까 싶어 김장 비닐 속에 넣어서 놀아주었고, 그 이후에는 놀이 매트에서 자유롭게 놀도록 하고 있어요. 치우는 게 걱정된다면 큰 비닐을 이용하거나 놀이 매트 속에서 놀도록 해주세요.

하나

달걀 껍데기를 물에 헹궈 살짝 말려 준비합니다. 껍데기에 다양한 그림을 그리면 더욱 재미있어 합니다.

둘

장난감 망치로 시원하게 부수면서 깨지는 모습을 봅니다. 달걀이 부서질 때 소리도 무척 재미있습니다.

더 놀아볼까요?

아이마다 놀이를 즐기는 방법이 다를 거예요. 자동차를 가져와 달걀 터널을 만들어서 놀 수도 있죠.

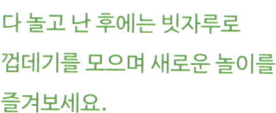

다 놀고 난 후에는 빗자루로 껍데기를 모으며 새로운 놀이를 즐겨보세요.

김밥 만들기

24개월부터 | **놀잇감:** 김밥용 김, 시금치, 당근, 달걀, 맛살, 단무지, 밥 등 | **마음의 준비:** ☀️☀️☀️☀️☀️
호기심 장전: ★★★★★

김밥은 만들기 전엔 막막하지만 막상 해보면 생각보다 해볼 만한 요리입니다. 밥에 간을 잘하면 중간 이상의 맛이 보장돼요. 시금치, 당근을 먹지 않는 아이에게 반찬 투정할 새도 없이 먹게 할 수 있는 메뉴이기도 하지요. 냉장고 상황에 따라 재료는 언제든지 달라질 수 있어요. 재료 준비를 끝낸 후 온 가족이 둘러앉아 김밥을 만들어보세요. 아직은 손이 서툴러 재료가 튀어나오고, 옆구리도 다 터지겠지만 김밥 만드는 과정을 아이가 너무 좋아할 거예요. 김밥을 말기 전에 재료를 집어먹더라도 제지하지 말고 놀이의 한 부분이겠거니 하며 넓은 마음으로 이해해 주세요.

하나

기본적인 김밥 재료입니다. 밥에는 소금, 깨, 참기름으로 미리 간을 합니다. 꼬마김밥용 김을 사용하거나 일반 김을 작게 잘라 준비해 주세요.

둘

시금치는 살짝 데쳐 소금, 참기름을 약간 넣어 무칩니다. 당근은 기름에 살짝 볶아줍니다. 단무지와 맛살을 김의 길이에 맞게 준비합니다. 달걀 지단을 부쳐 썰어줍니다.

셋

아이와 함께 재료를 탐색하고 밥 위에 하나씩 얹어봅니다.

넷

돌돌 말아줍니다. 아이는 자기의 취향대로 맛있는 김밥을 만들고 뿌듯해할 거예요.

음식으로 놀아요

미니 햄버거 만들기

| 24개월부터 | 놀잇감: 모닝빵, 미니 떡갈비, 양상추, 방울토마토, 치즈 | 마음의 준비: ☀☀☀☀☀
호기심 장전: ★★★★★ |

아이가 좋아하는 햄버거를 집에서 만들면 영양도 up, 재미도 up! 마트에서 쉽게 구할 수 있는 재료로 간단하고 맛있는 간식을 만들 수 있습니다. 엄마와 아빠의 햄버거에는 취향에 따라 소스를 뿌려 먹으면 더 좋겠죠? 아이의 놀이와 온 가족 식사를 한 번에 해결하는 알찬 시간을 보낼 수 있어요.

하나

재료를 준비합니다. 채소는 씻어서 적당한 크기로 자르고 떡갈비도 미리 구워주세요.

둘

모닝빵을 반으로 갈라주세요. 끝까지 자르지 말고 조금 남겨두어야 먹을 때 덜 흘립니다.

셋

빵 속에 재료를 차곡차곡 올려 완성합니다.

넷

맛있게 와앙- 먹습니다.

음식으로 놀이요 383

21

몸으로 놀아요

090

손수레 놀이

18개월부터 | 놀잇감: 맨몸

마음의 준비: ☀️☀️
호기심 장전: ★★★★☆

아이의 발을 잡아 살짝 들어 올리고, 아이 팔의 힘으로만 움직이도록 하는 놀이입니다. 아이가 적응했다면 물구나무서기를 해도 너무 좋아해요. 거꾸로 보는 세상은 완전히 새로운 세상이거든요. "영차! 영차!" 팔을 다리처럼 움직이며 온몸의 근육을 사용해 균형 감각을 익히고 신체 조절 능력을 향상시킬 수 있습니다. 아이가 조금이라도 힘들어한다면 즉시 멈춰주세요. 아이의 체력이 좋아진 후에 언제든 해볼 수 있습니다.

091

비행기 날기

12개월부터 | 놀잇감: 맨몸

마음의 준비 : ☀☀
호기심 장전 : ★★★★★

높이 날았다가, 제비처럼 땅 위를 낮게 날기도 하고 공중에서 빙그르르 묘기도 부리며 거실 곳곳을 누비는 비행기! 아이들은 특히 아빠와 놀 때는 장난감이 필요 없는 것 같아요. 몸으로 직접 부딪치며 교감하기를 즐기더라고요. 아빠의 손은 아이를 비행기로 만들었다가, 땅에서 살짝 들어 올려 로켓으로 만들기도 하고 어떨 땐 자이로드롭이 되기도 하지요. 물론, 너무 위험한 높이에서는 하지 않는 것이 좋겠죠? 아빠와 함께 비행기 동요를 부르며 비행기가 되어 하늘을 날다 보면 그 어떤 VR 체험 부럽지 않은 경험을 하게 됩니다.

092

손바닥 씨름

| 12개월부터 | 놀잇감: 맨몸 | 마음의 준비 : ☀☀☆☆☆ |
| | | 호기심 장전 : ★★★★☆ |

아이와 손바닥을 마주 대고 힘을 겨루는 놀이예요. "야압- 넘어져라! 야압-" 넘어질 듯 말듯 긴장감을 주세요. 아이가 집중하여 밀면 할리우드 액션과 함께 "어어어~~~" 철퍼덕하고 넘어져 주세요. 아이는 세상에서 가장 힘센 사람이 된 것처럼 의기양양하게 웃어댑니다. "또! 또!"를 연발하게 하는 간단하면서도 즐거운 놀이입니다.

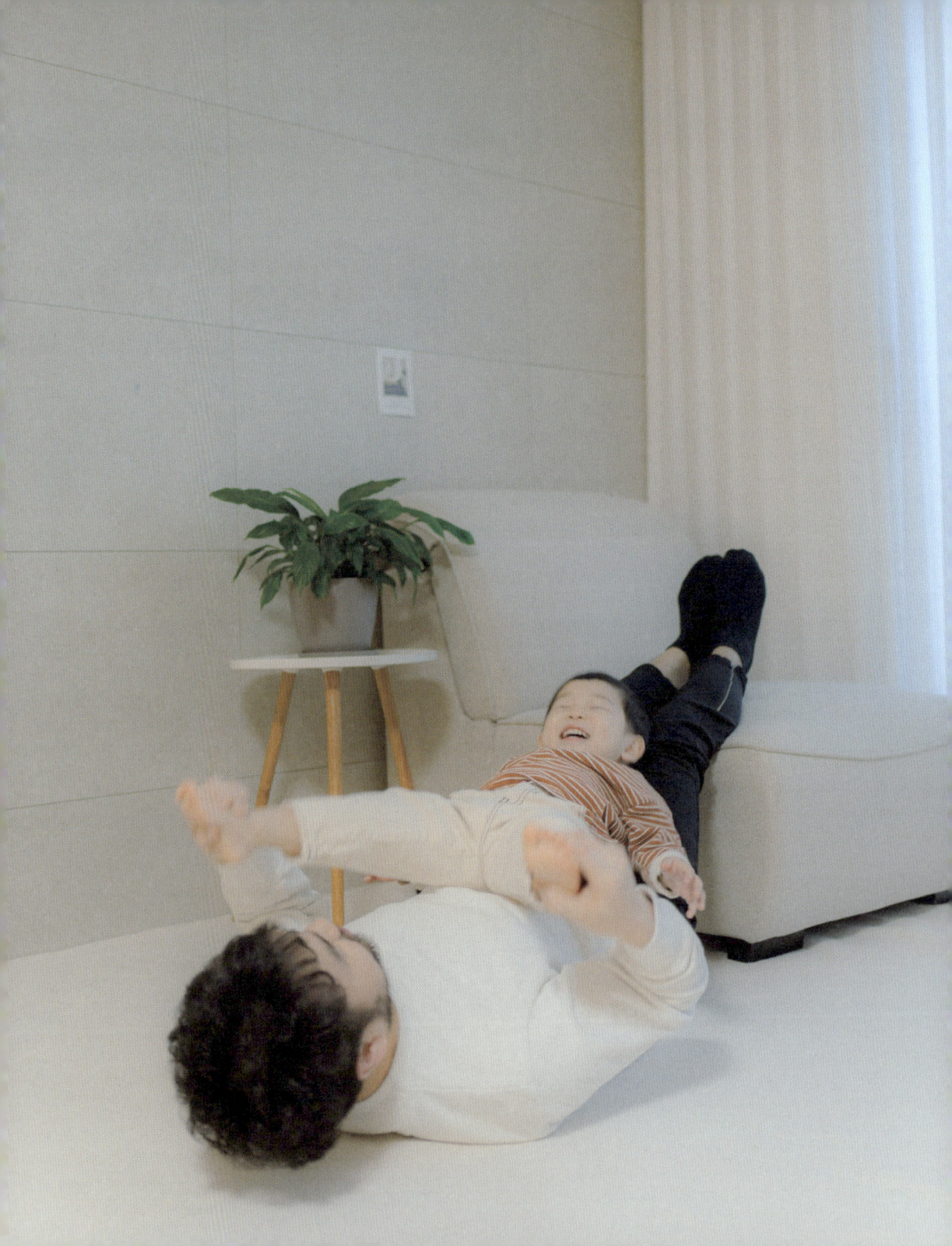

미끄럼틀

12개월부터 | **놀잇감: 맨몸** | 마음의 준비 : ☀☀
호기심 장전 : ★★★★★

아빠가 잠시라도 소파에 누울라치면 후다닥 달려와서 "미끄럼틀 해주세요!" 외치는 아이. 소파에 다리를 걸쳐 작은 미끄럼틀을 만들어주면 버벅거리며 잘 내려가지 않는데도 아이는 너무너무 신난 표정을 지어요. 미끄럼틀보단 아빠와의 스킨십이 즐거운 거겠지요? 미끄럼틀을 타다가, 간지럽히다가, 레슬링을 하다가 실컷 부비부비를 하고 나면 아빠의 사랑이 가득 충전됩니다.

인형 뽑기

18개월부터 | **놀잇감: 맨몸, 인형, 바구니** | 마음의 준비 : ☀☀☀☀
호기심 장전 : ★★★★★

집 이곳저곳에 장난감이 널브러져 있다면 이 놀이를 해보세요. 아이가 마치 인간 집게처럼 장난감들을 집어 올려 바구니에 넣는 인형 뽑기 놀이입니다. 위잉- 철컥- 로봇 소리를 내며 아이를 적당한 높이에서 안고 바닥에 살살 내려주세요. 아이의 손이 갈고리가 되어 장난감을 들어 올립니다. 이때 집게를 쓰게 하면 더 재미있어요. 바구니에 차곡차곡 장난감이 쌓이고, 놀이가 끝나면 어느새 집이 깨끗해져 있을 거예요. 정리하라고 혼내기보다 재미있는 놀이로 승화해서 정리하는 습관을 길러주면 어떨까요?

철봉 매달리기

| 12개월부터 | 놀잇감: 맨몸 | 마음의 준비 : ☀ ☀ ☀ ☀ ☀
호기심 장전 : ★ ★ ★ ★ ☆ |

아이가 커 갈수록 팔뚝을 잡고 매달리는 힘이 좋아지는 것이 느껴집니다. 떨어지지 않기 위해 안간힘을 쓰는 모습이 어쩜 이렇게 귀여울까요? 떨어질까 봐 무서울 법도 한데 아이는 엄마, 아빠를 100% 믿고 자신의 몸을 온전히 맡깁니다. 힘을 주는 자세를 유지하며 아이의 인내심과 지구력, 근력을 키울 수 있고, 놀이를 통해 부모를 향한 신뢰감도 쑥쑥 자라납니다.

터널 지나가기

| 12개월부터 | 놀잇감: 맨몸 | 마음의 준비: ☀☀☀
호기심 장전: ★★★★★ |

푸시 업을 하면서 아이와 재미있는 시간을 만들 수 있는 놀이입니다. 푸시 업을 하는 동안 아이의 눈을 반짝거리게 만드는 터널이 생기는데, 아이는 이 틈을 놓치지 않고 터널 속으로 들어가려고 해요. 아이가 도망가기 전에 몸을 아래로 내려 살짝 눌러주면 빠져나가려고 발버둥 치며 웃어댑니다. 엄마와 아빠는 운동을, 아이는 웃음 가득한 시간을 보낼 수 있는 일석이조의 놀이죠.

더 놀아볼까요?

터널 놀이를 충분히 즐겼다면 아이를 등에 태우고 두 배 더 힘든 팔굽혀펴기를 할 차례입니다. 엄마, 아빠의 등은 아이에겐 자이로드롭처럼 스릴 만점인 놀이 기구인 셈이죠.

097

동대문을 열어라

24개월부터 | **놀잇감: 맨몸**

마음의 준비 : ☼ ☼ ☼ ☼ ☼
호기심 장전 : ★ ★ ★ ★ ☆

시대를 초월해 전해져 내려오는 놀이는 가치가 높습니다. '동대문을 열어라'는 친구들 여럿이 모여서 하면 더 재미있는 놀이입니다. 엄마, 아빠가 마주 보고 서서 대문을 만들어 노래를 부르면 아이는 주변을 어슬렁어슬렁 돌아다닙니다. "열두 시가 되면은 문을 닫는다!" 12시에 문을 지나는 아이를 의도적으로 확! 잡아보세요. 까르르 대는 아이의 소리로 온 집안에 웃음이 넘쳐납니다.

098

하늘 자동차

18개월부터	놀잇감: 맨몸	마음의 준비 : ☀️ ☀️ ☀️
		호기심 장전 : ★ ★ ★ ★ ★

아이의 엉덩이를 받쳐 들고 뒤에서 안아주는 자세로 공중에서 운전하며 돌아다니는 놀이입니다. 아이가 크면서 점점 무거워지니 언제까지 해줄 수 있을지 모르겠어요. 아이는 어떤 날엔 비행기 조종사가 되고, 또 어떤 날엔 하늘을 달리는 소방차의 소방관이 되기도 합니다. 흔들거리면서 놀이 기구를 타는 느낌을 줄 수도 있고, 방향을 바꿀 때마다 좌회전~ 우회전~ 외쳐보세요. 그 어떤 4D 체험이 부럽지 않은 우리 집 하늘 자동차랍니다.

22

밤에 놀아요

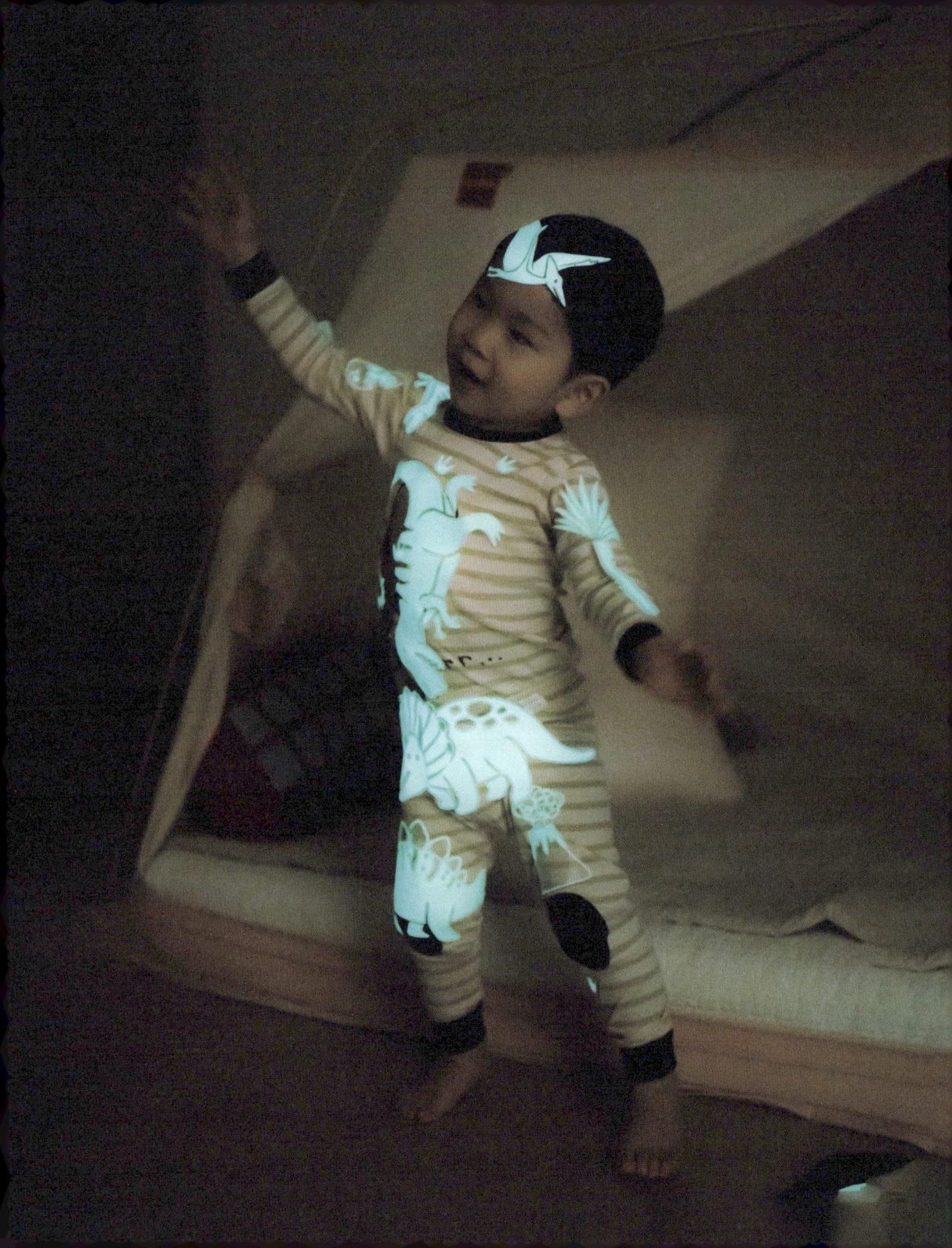

099

어둠 속 춤추기

12개월부터 | 놀잇감: 야광 스티커

마음의 준비 : ☼ ☼ ☼ ☼ ☼
호기심 장전 : ★ ★ ★ ★ ★

야광 스티커를 몸에 붙이고 어둠 속에서 춤을 추면 우스꽝스럽고 재미있는 광경이 펼쳐집니다. 공룡, 태양계, 공주, 자동차 등 아이가 흥미 있어 하는 스티커를 활용해 보세요. 공룡을 좋아하는 아이라면 마치 어둠 속에서 공룡이 살아 움직이는 것 같겠지요? 스티커를 붙이고 불을 끈 다음 몸을 움직여보며 스티커를 관찰해 봅니다. 엄마와 아빠의 몸에도 스티커를 잔뜩 붙이고 온 가족이 함께 어둠 속에서 댄스파티를 해보세요. 아이는 유쾌한 기분을 가득 안고 잠들 수 있을 거예요.

100

그림자 놀이

| 12개월부터 | 놀잇감: 종이, 나무젓가락, 가위, 컵, 테이프, 스마트폰 혹은 손전등 | 마음의 준비 : ☀ ☀ ☀ ☀
호기심 장전 : ★ ★ ★ ★ ☆ |

잠들기 직전 따뜻한 기억을 만들 수 있는 놀이예요. 아이가 좋아하는 그림을 그려 오린 후 손전등을 비춰주면 무한한 상상의 세계를 펼칠 수 있습니다. 그림을 직접 그리는 게 부담된다면 스티커 북, 색칠 연습장의 그림을 그대로 오리면 돼요. 아이와 자유롭게 이야기를 만들어내면서 상상력을 쑥쑥 키워주고, 자연스럽게 빛과 그림자의 원리를 알려주는 기회가 됩니다.

하나

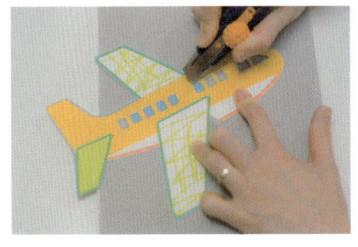

그림을 그린 후 자릅니다.

둘

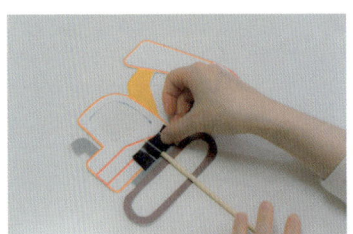

나무젓가락을 테이프로 붙입니다.

셋

스마트폰 플래시나 손전등을 켜고
컵에 넣어 고정합니다.

넷

그림에 맞는 이야기를 지어내며
상황극을 합니다.

오늘은 집에서 문화센터처럼 놀아요
준비물은 최소한, 놀이력은 최대한 키워주는 집콕 놀이 100

초판 1쇄 발행 2021년 5월 28일
초판 2쇄 발행 2022년 3월 15일

지은이	현혜령, 신준식
펴낸이	이준경
편집장	이찬희
편집	김아영, 김한솔
책임디자인	김정현
디자인	정미정
마케팅	양지환

펴낸곳	(주)영진미디어
출판등록	2011년 1월 6일 제406-2011-000003호
주소	경기도 파주시 문발로 242 3층
전화	031-955-4955
팩스	031-955-4959
홈페이지	www.yjbooks.com
인스타그램	@youngjin_media

ISBN 979-11-91059-09-0 13590
값 23,000원

이 책은 저작권법에 의해 보호를 받는 저작물이므로 무단 전재와 복제를 금합니다.
또한 이미지의 저작권은 작가에게 있음을 알려드립니다.
The copyright for every artwork contained in this publication belongs to artist.
All rights reserved.

잘못된 책은 구입한 곳에서 교환해 드립니다.